어린이 코딩

 엔트리로 배우는 **코딩 첫걸음**

발 행 일	2023년 06월 01일(1판 1쇄)
개 정 일	2024년 03월 15일(1판 5쇄)
I S B N	979-11-982722-0-1(13000)
정 가	14,000원
기 획	서울대학교 컴퓨터공학부 이상구 교수
집 필	홍유미
감 수	서울대학교 컴퓨터공학부 이상구 교수
진 행	김동주
본문디자인	디자인앨리스
발 행 처	코딩이지(Codingeasy)
	'코딩이지'는 '아카데미소프트'의 코딩전문 출판사입니다.
발 행 인	유성천
주 소	경기도 파주시 정문로 588번길 24
홈 페 이 지	www.aso.co.kr / www.asotup.co.kr

※ 이 책은 저작권법에 따라 보호를 받는 저작물이므로 무단 전재와 무단 복제를 금지하며, 이 책 내용의 전부 또는 일부를 이용하려면 반드시 코딩이지의 서면동의를 받아야 합니다.

Orientation (기초학습)

▶ This is Coding 학교편 시리즈의 **[엔트리로 배우는 코딩 첫걸음]** 교재의 구성입니다.

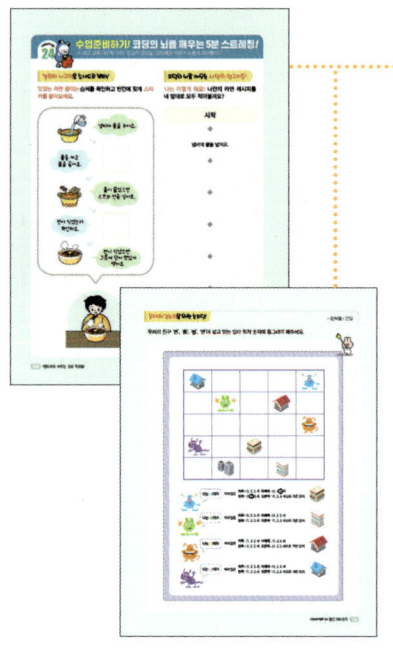

순서도(알고리즘)

순서도를 통해 각 CHAPTER 시작 전 코딩의 뇌를 깨우는 준비과정으로 생활 속의 알고리즘을 이해하고 빈 곳에 스티커와 정답을 작성하므로 순차적 구조를 쉽게 이해 할 수 있도록 합니다. 또한 문제해결능력을 위한 손코딩을 통해 컴퓨팅사고력과 문제해결능력 등 코딩교육 의무화에 대비하였습니다.

완성 작품 미리보기 & 본문 따라하기

각 CHAPTER에서 배울 내용에 대한 기능 설명과 함께 완성된 엔트리의 미리보기 동영상을 확인한 후 본문을 통해 쉽게 따라하며 배울 수 있습니다.

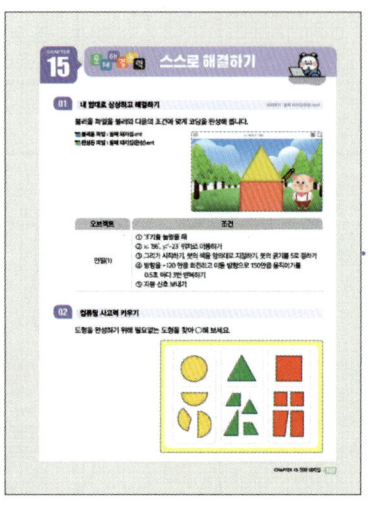

문제해결능력 & 스스로 해결하기

각 CHAPTER가 끝나면 앞에서 배운 내용으로 스스로 문제를 해결하고 컴퓨팅 사고력 키우기 등을 통해 코딩교육 의무화에 대비하였습니다.

코딩이란 뭘까요?

※ 코드=프로그램(소프트웨어), 코딩=프로그래밍

하드웨어와 소프트웨어

① 하드웨어는 기계적인 장치(모니터, 본체, 키보드, 마우스 등)를 뜻하는 말로 우리가 알고 있는 컴퓨터가 대표적인 하드웨어입니다. 컴퓨터 외에도 우리가 가장 많이 사용하는 스마트 폰도 하드웨어에 속합니다.

② 소프트웨어란 특정 작업에 맞게 개발된 프로그램으로 여러분이 가장 많이 사용하는 '아래한글, 파워포인트, 포토샵, 게임, AI, 챗GPT' 등이 대표적인 소프트웨어입니다. 또는 '앱(APP)'이라고도 합니다.

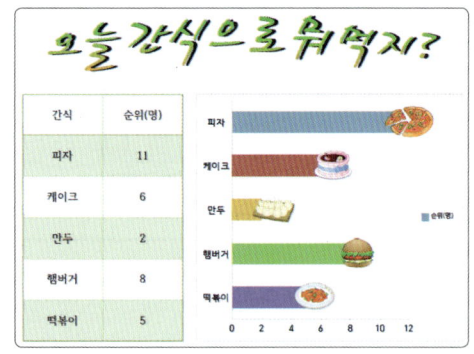

▲ 한글

▲ 파워포인트

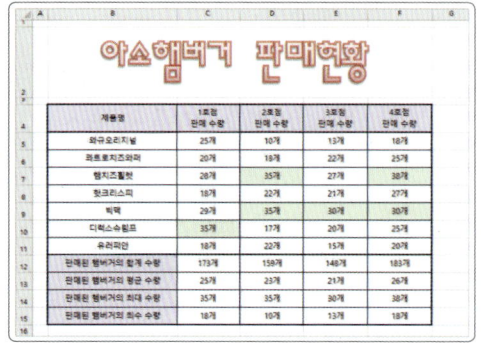

▲ 엑셀

▲ 게임

Orientation (기초학습)

▶ 코딩과 알고리즘

❶ 블록 코딩 언어(엔트리 또는 스크래치)를 이용하여 내가 원하는 블록들을 조립하는 것을 '**코딩**'이라고 하며, 코딩 작업으로 작성한 블록들을 '**코드**'라고 합니다.

※ 위에서 배웠던 소프트웨어(앱)도 전문가들이 사용하는 텍스트 코딩 언어(C, JAVA 등)로 개발한 소프트웨어(프로그램) 랍니다. (소프트웨어=프로그램=앱)

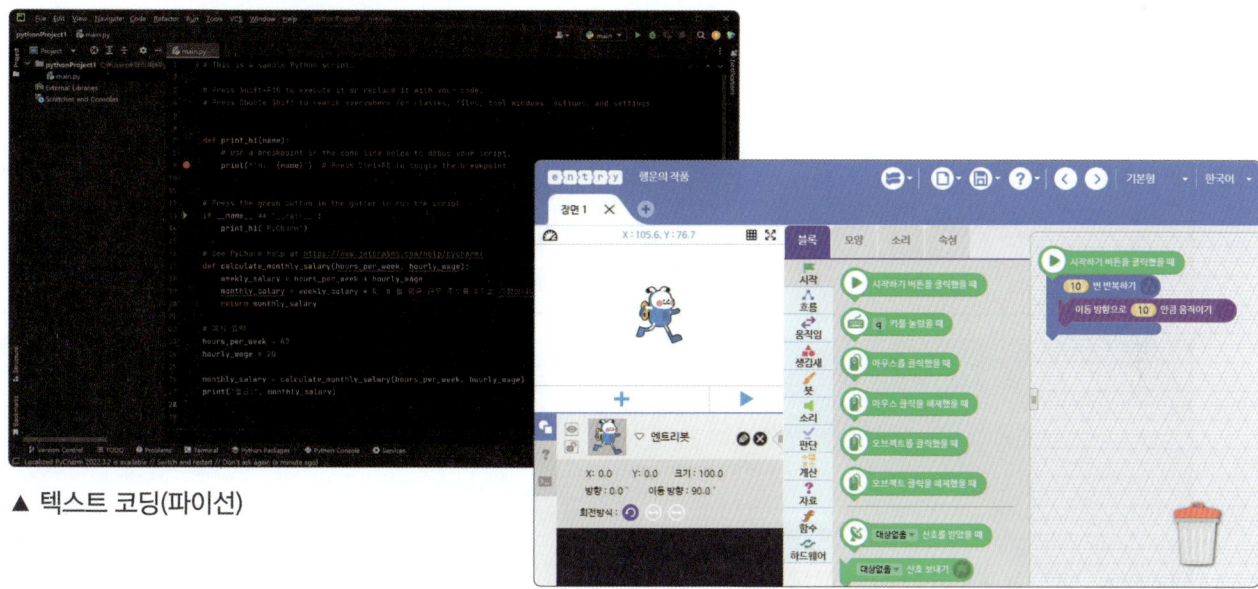

▲ 텍스트 코딩(파이선)

▲ 블록 코딩(엔트리)

❷ 알고리즘이란 특정 문제를 해결하기 위한 절차나 방법을 의미합니다. 여러분이 집에서 학교까지 갈 때 최대한 빨리 갈 수 있는 방법을 찾아서 학교를 간다면 그 방법들이 바로 알고리즘입니다.

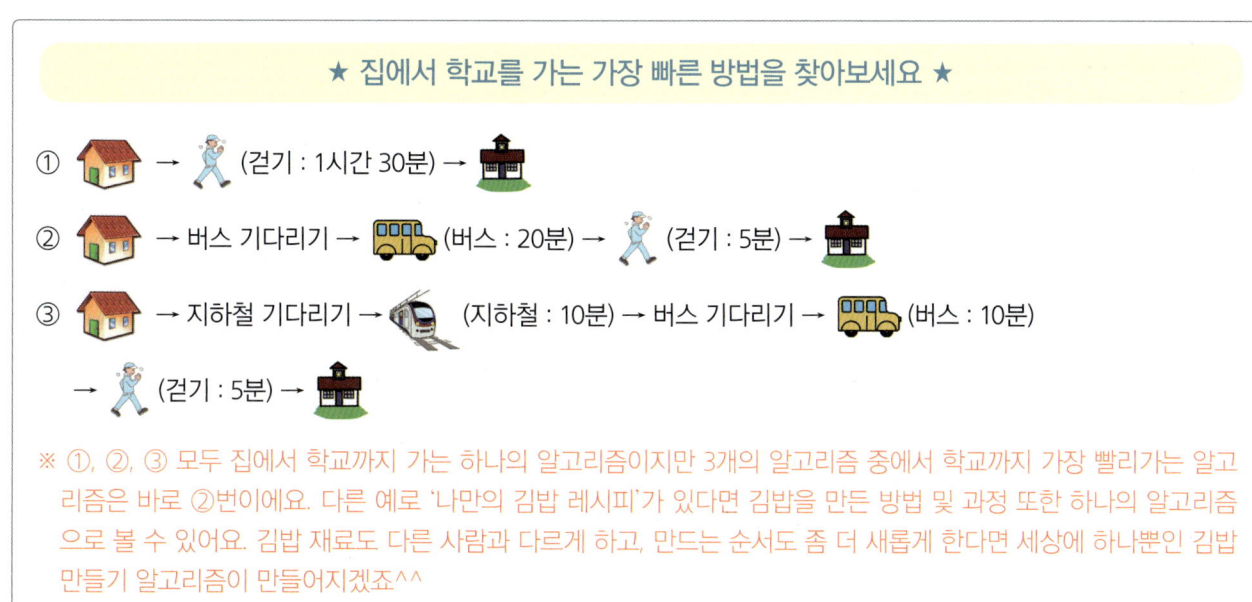

★ 집에서 학교를 가는 가장 빠른 방법을 찾아보세요 ★

① 🏠 → 🚶 (걷기 : 1시간 30분) → 🏫

② 🏠 → 버스 기다리기 → 🚌 (버스 : 20분) → 🚶 (걷기 : 5분) → 🏫

③ 🏠 → 지하철 기다리기 → 🚇 (지하철 : 10분) → 버스 기다리기 → 🚌 (버스 : 10분) → 🚶 (걷기 : 5분) → 🏫

※ ①, ②, ③ 모두 집에서 학교까지 가는 하나의 알고리즘이지만 3개의 알고리즘 중에서 학교까지 가장 빨리가는 알고리즘은 바로 ②번이에요. 다른 예로 '나만의 김밥 레시피'가 있다면 김밥을 만든 방법 및 과정 또한 하나의 알고리즘으로 볼 수 있어요. 김밥 재료도 다른 사람과 다르게 하고, 만드는 순서도 좀 더 새롭게 한다면 세상에 하나뿐인 김밥 만들기 알고리즘이 만들어지겠죠^^

컴퓨터 언어_엔트리

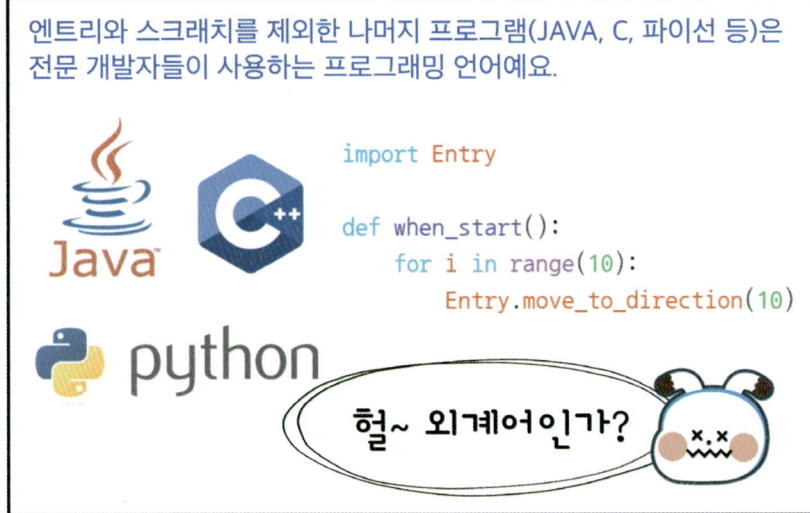

Orientation (기초학습)

▶ **엔트리 설치하기**

❶ 아카데미소프트 홈페이지(aso.co.kr)에서 [커뮤니티]-[자료실]-'디코_엔트리로 배우는 코딩 첫걸음_학습자료'를 다운로드 합니다.

❷ 또는, 인터넷을 실행하여 주소 입력 칸에 'playentry.org'를 입력한 후 **Enter** 키를 누릅니다. 엔트리 홈페이지가 열리면 엔트리() 로고 쪽으로 마우스 커서를 이동시킨 후 메뉴가 나오면 [다운로드]를 클릭합니다.

❸ 엔트리 다운로드 페이지가 나오면 현재 사용하는 컴퓨터 운영체제 버전에 맞는 엔트리를 클릭합니다.
  ※ 스크롤바를 아래쪽으로 내리면 버전별로 엔트리 프로그램을 다운 받을 수 있도록 구성되어 있어요.

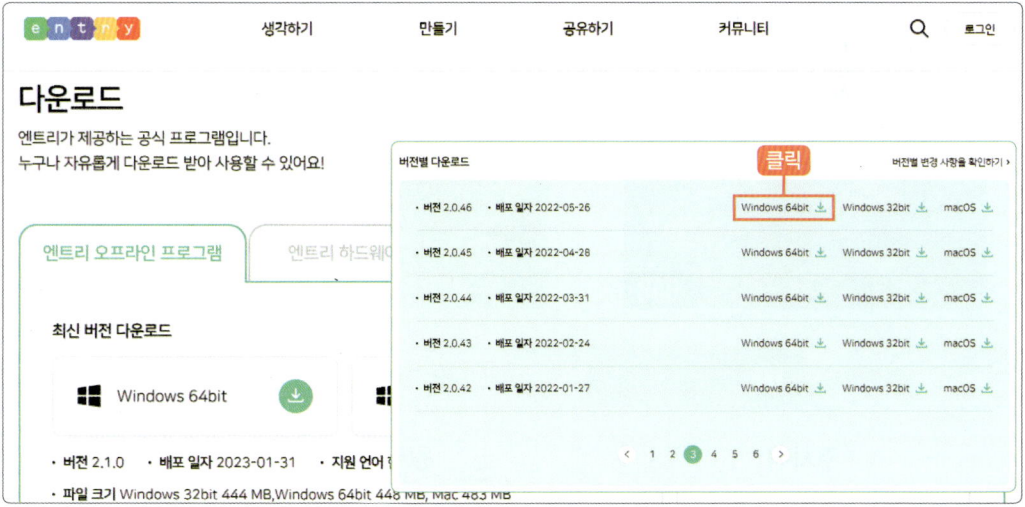

❹ 설치 순서(버전 2.0.46) : 다운 받은 설치 파일 'Entry_2.0.46_Setup' 파일을 더블 클릭 → [구성 요소 선택]-<다음> → [설치 위치 선택]-<설치> → [설치 중] → [설치 완료]-<다음> → [엔트리 설치 완료]-<마침> → 엔트리 실행 → 창 닫기
  ※ 엔트리 설치 후 처음 실행하였을 때 '기본형'을 선택한 후 <확인> 단추를 클릭하세요.

CONTENTS

CHAPTER 01 — 엔트리 넌 누구니? — 010

CHAPTER 02 — 무술장 — 018

CHAPTER 03 — 바닷속 — 024

CHAPTER 04 — 꿀벌 — 030

CHAPTER 05 — 개와 고양이 — 036

CHAPTER 06 — 알라딘 — 042

CHAPTER 07 — 바닷속 세상 — 048

CHAPTER 08 — 잠자리 — 054

CHAPTER 09 — 아기돼지의 바깥놀이 — 060

CHAPTER 10 — 주사위 — 068

CHAPTER 11 — 원주민 구조 — 074

CHAPTER 12 — 꿀단지의 주인은? — 080

CHAPTER 01 수업준비하기! 코딩의 뇌를 깨우는 5분 스트레칭!

※ 코딩 교육 의무화 대비! 정답은 없어요! 창의력을 위해 자유롭게 적어봅니다.

컴퓨터 사고력은 순서도로 부터!

잠자리 준비하기 순서를 확인하고 빈칸에 맞게 스티커를 붙여보세요.

코딩의 뇌를 깨우는 나만의 알고리즘!

나는 이렇게 해요! 나만의 잠자리 순서를 적어볼까요?

- 시작
- ↓
- 숙제를 해요.
- ↓
- 내일 학교에 가져갈 책과 (　　　)을 가방에 정리해요.
- ↓
- 잠자기 편한 옷으로 갈아입어요.
- ↓
- 양치질과 (　　)를 해요.
- ↓
- 부모님께 (　　　　　)라고 인사를 해요.
- ↓
- 내 방으로 와서 30분간 좋아하는 책을 보고 잠을 자요.
- ↓
- 끝

문제해결능력을 위한 눈코딩!

– 준비물 : 연필

오른쪽 그림과 똑같은 그림자를 찾아 ○ 하세요. 그리고 나머지 그림들은 오른쪽 그림과 어떤 곳이 다른지 찾아 ○ 하세요!

❶

❷

CHAPTER 01 엔트리 넌 누구니?

CHAPTER 01 엔트리 넌 누구니?

▲ 미리보기
엔트리봇(완성).mp4

이런걸 배워요!
- 엔트리의 화면 구성 및 메뉴 구성에 대해 알아봅니다.
- 오브젝트를 이해하고 저장하는 방법에 대해 알아봅니다.

📁 불러올 파일 : 없음   📁 완성된 파일 : 엔트리봇(완성).ent

01 엔트리 화면 훑어보기

※ 엔트리 버전 : 2.0.46

❶ 엔트리의 화면 구성

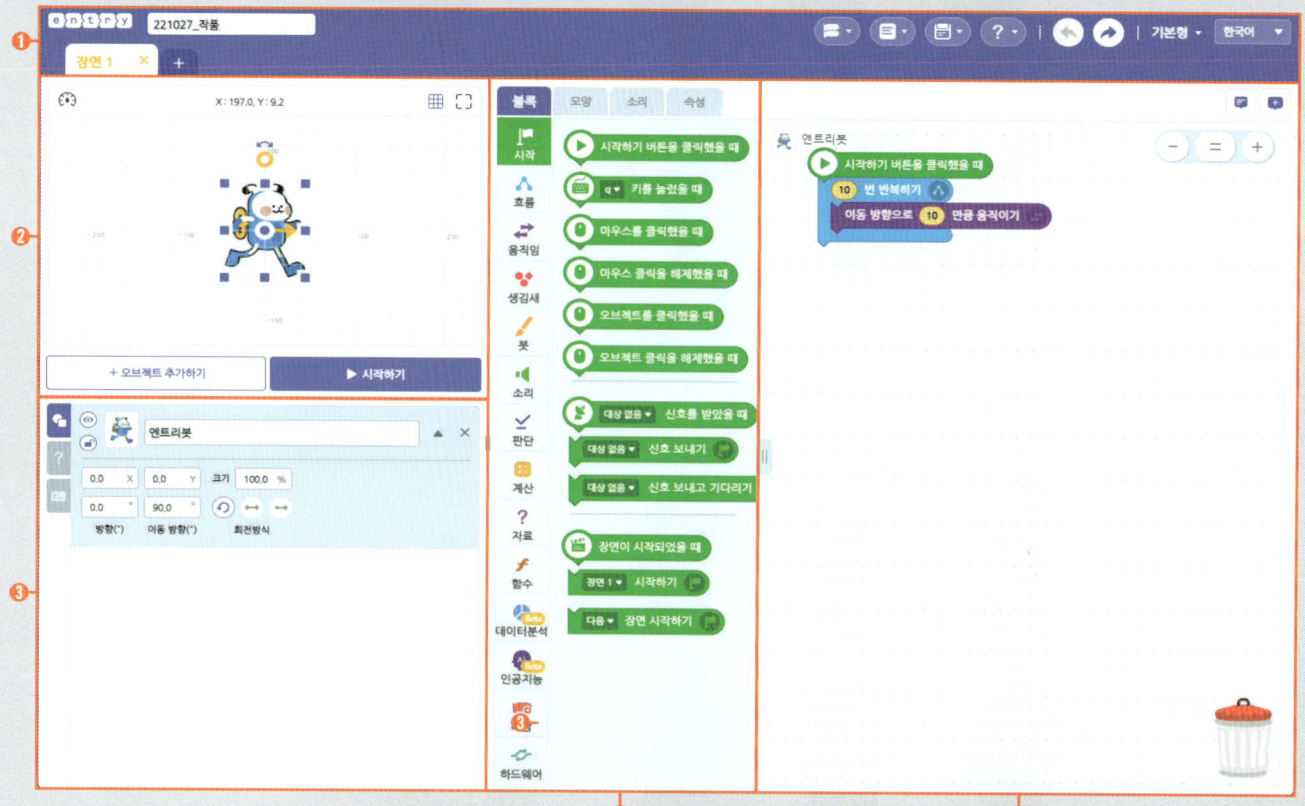

① **위쪽 메뉴**   : '작품 이름(파일명), 코드방식, 새로 만들기, 작품 저장하기, 블록 도움말, 이전 작업, 다음 작업, 언어 선택' 메뉴가 있습니다.

② **장면**   : 코딩을 명령한 대로 화면상의 캐릭터 같은 물체가 작동하는지 실행 결과를 확인할 수 있는 화면입니다.

③ **오브젝트 목록** : 오브젝트의 이름과 정보를 확인하고, 사용자가 직접 수정할 수 있습니다.

④ **블록 꾸러미**   : '블록', '모양', '소리', '속성' 탭으로 이루어졌으며, 각 탭을 통해 오브젝트에 다양한 변화를 줄 수 있습니다.

⑤ **블록 조립소**   : 블록 꾸러미에 있는 블록을 마우스로 드래그하여 조립하는 공간입니다.

02 오브젝트란?

❶ '오브젝트'란 명령어를 통해 움직일 수 있는 화면상의 '배경', '캐릭터', '글상자'등을 말합니다.

❷ 오브젝트에는 다양한 조절점이 있습니다.

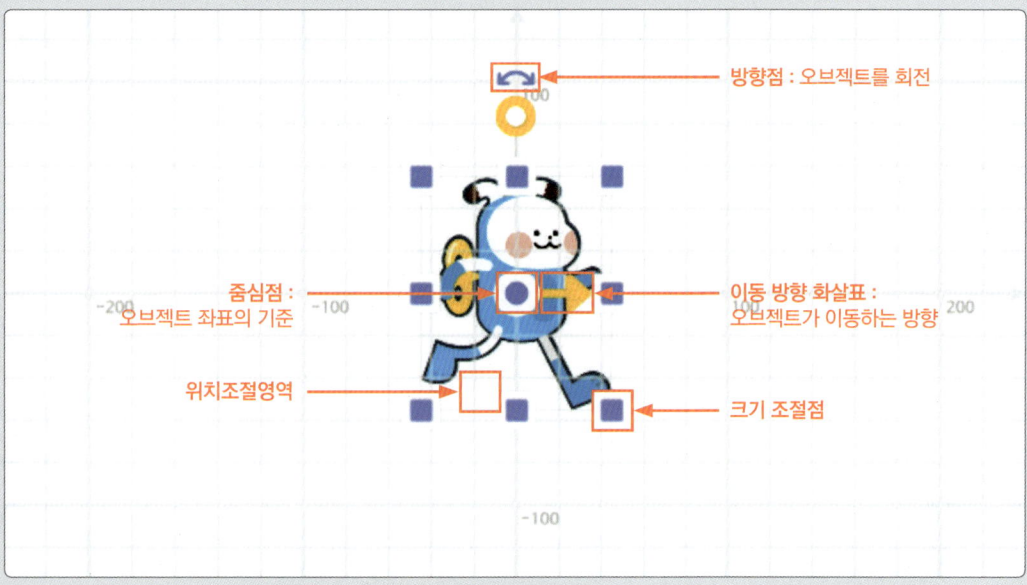

03 엔트리봇 시작하기와 저장하기

❶ 엔트리 장면 하단의 ▶시작하기 를 클릭하면, '엔트리봇' 오브젝트가 이동 방향으로 '10'만큼 10번 움직이는 것을 확인할 수 있습니다. 이어서, ■정지하기 를 클릭합니다.

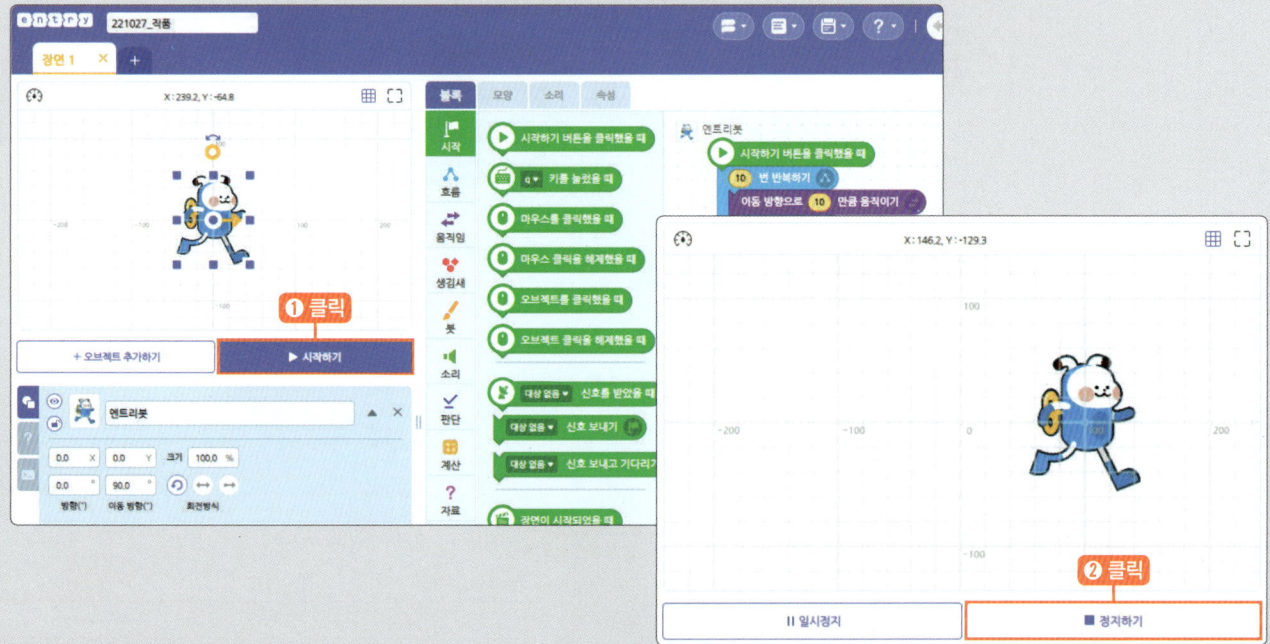

❷ 엔트리의 크기 조절점을 드래그하여 엔트리를 원하는 크기만큼 줄여줍니다.

❸ 엔트리의 회전 조절점을 왼쪽으로 드래그하여 회전합니다.

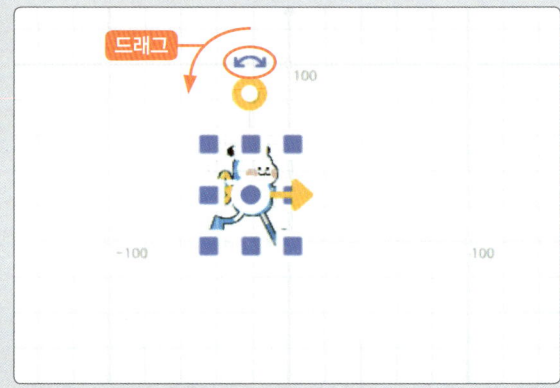

❹ 엔트리 장면 아래에 시작하기(▶시작하기)를 클릭하면, 작아진 '엔트리봇' 오브젝트가 오른쪽 대각선 위쪽 방향으로 '10'만큼 10번 움직이는 것을 확인할 수 있습니다. 이어서, 정지하기(■정지하기)를 클릭합니다.

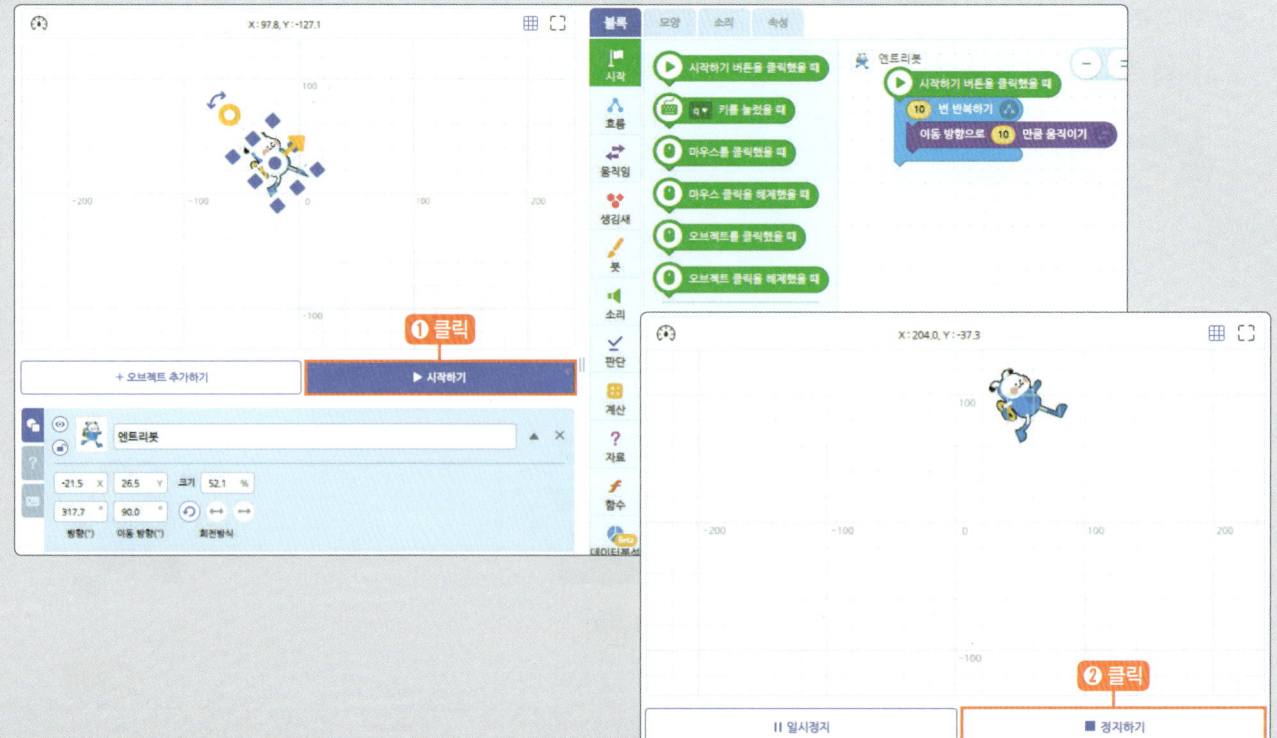

❺ 엔트리 화면 위쪽 메뉴의 [entry 221027_작품]의 '221027_작품' 파일명을 삭제하고 '엔트리봇'이라고 입력합니다.

❻ 위쪽 메뉴의 [저장하기]-[복사본으로 저장하기]를 클릭합니다. 이어서, [다른 이름으로 저장] 대화상자가 나오면 바탕화면의 '본인 이름' 폴더를 만든 다음 파일명에 "엔트리봇(완성)"이라고 입력하고, <저장> 단추를 클릭합니다.

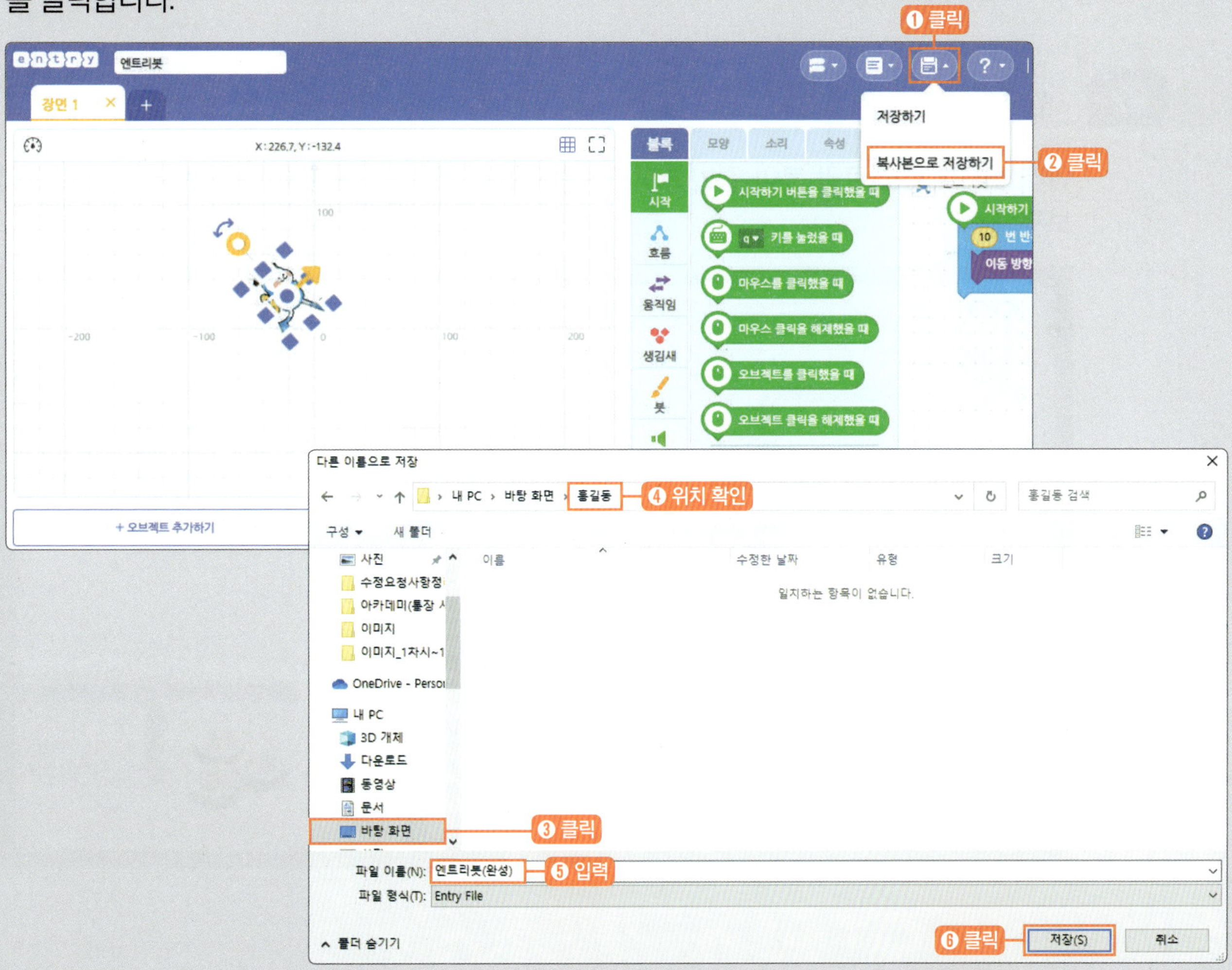

CHAPTER 01 문제해결능력 스스로 해결하기

■ 불러올 파일 : 없음   ■ 완성된 파일 : 없음

01 내 맘대로 상상하고 해결하기

아래 그림을 참고하여 우리 주변에서 소프트웨어가 필요한 것들은 무엇이 있는지 생각하여 적어보세요.

<생각 및 정답 적기>

  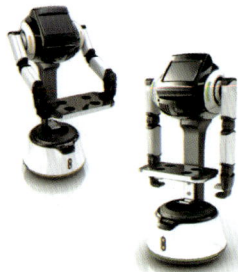 

02 컴퓨팅 사고력 키우기

아래 미로에서 엔트리 봇이 김밥을 먹기 위해서는 어떻게 이동을 해야 하는지 선으로 그려 보세요.

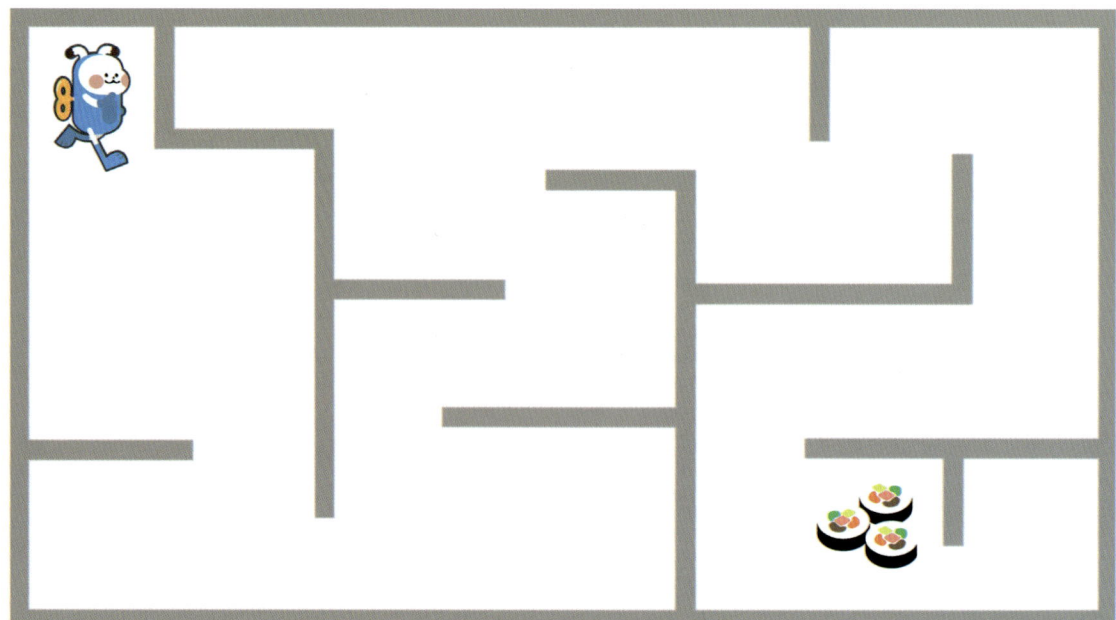

03 빈 칸에 알맞은 엔트리 화면 구성 요소를 적어보세요.

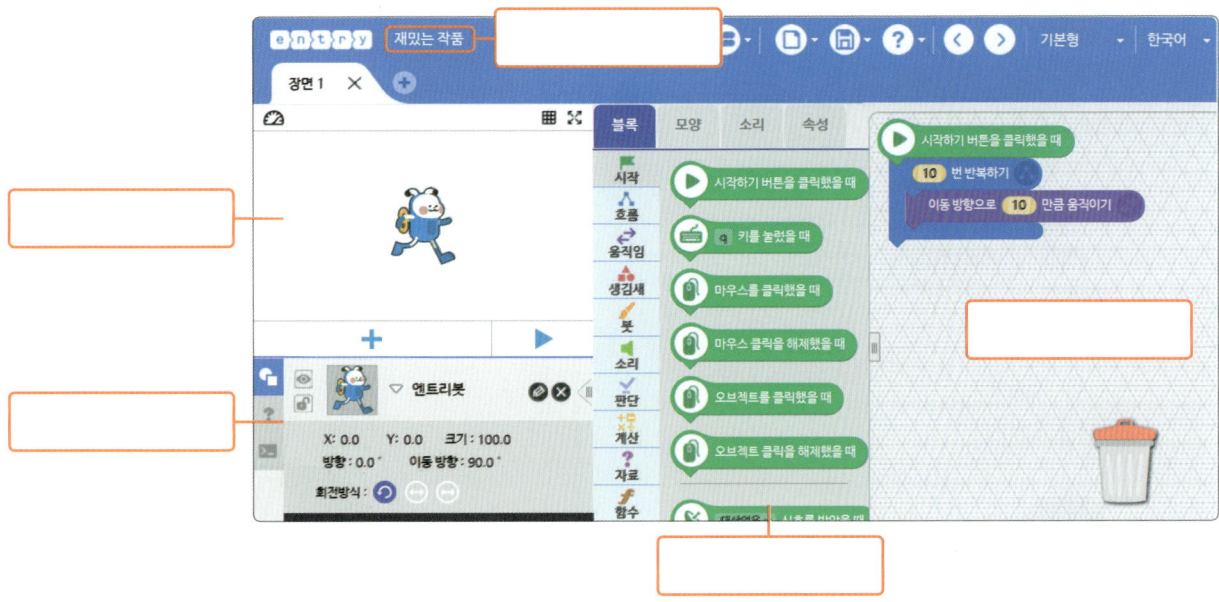

04 엔트리를 실행하여 실행화면에 'X-Y 좌표'를 표시한 후 파일을 저장하고 불러와 보세요.

① **저장 :** [바탕화면]의 본인 이름 폴더에 '첫번째 과제'로 저장하세요.

② **불러오기 :** 엔트리를 실행하여 [바탕화면]에 본인의 이름 폴더에 저장한 '첫번째 과제'를 불러오세요.

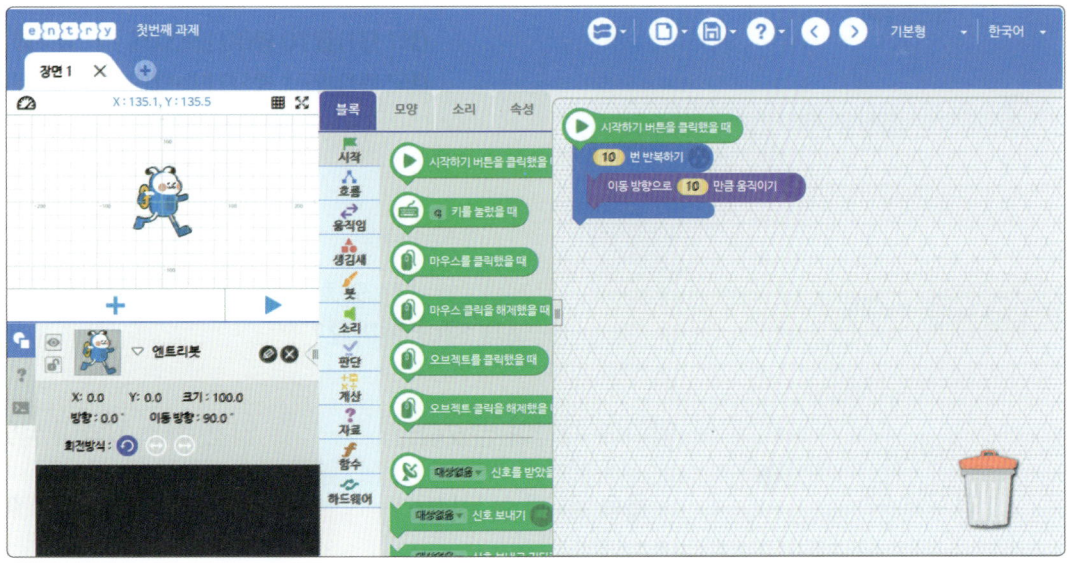

CHAPTER 02 수업준비하기! 코딩의 뇌를 깨우는 5분 스트레칭!

※ 코딩 교육 의무화 대비! 정답은 없어요! 창의력을 위해 자유롭게 적어봅니다.

컴퓨터 사고력은 순서도로 부터! 양치질 순서를 확인하고 빈칸에 맞게 스티커를 붙여보세요.

코딩의 뇌를 깨우는 나만의 알고리즘! 문제해결능력! 양치질을 했는데 다음과 같은 상황이라면 어떻게 해야 할까요?

치약이 남았을 때	→	입가에 치약이 남았다면?	입 안쪽에 치약이 남았을 때
		물로 입가를 잘 닦아요.	다시 물로 ( )을 헹궈요.
간식을 먹고 싶을 때	→	간식을 먹으면?	간식을 먹지 않을 때
		간식을 맛있게 먹고 다시 ( )을 해요.	내일 간식을 맛있게 먹기로 생각해요.

❶ 아래 두 개의 이미지를 비교하여 틀린 그림 8개 중에 3개 이상을 찾아 표시해 봅니다.

❷ 요정들이 거울을 보고 있어요. 거울에 비친 모습을 찾아 ○ 하세요.

보기

CHAPTER 02 무술장 019

CHAPTER 02 무술장

▲ 미리보기
무술장(완성).mp4

이런것 배워요! • 오브젝트를 추가하고 크기 조절 및 회전하기에 대해 알아봅니다.

■ 불러올 파일 : 없음   ■ 완성된 파일 : 무술장(완성).ent

01 오브젝트를 삭제 및 추가하기

① 엔트리 프로그램을 실행한 후, [오브젝트 목록] 창에서 '엔트리봇' 오브젝트의 (×)를 클릭하여 삭제합니다. 이어서, [장면] 창의 + 오브젝트 추가하기 단추를 클릭합니다.

② [오브젝트 추가하기] 창이 열리면 [배경]-[실외]-'근정전'을 선택한 후, <추가> 단추를 클릭합니다.

❸ '근정전' 오브젝트가 추가된 것을 확인하고, ┃ + 오브젝트 추가하기 ┃ 단추를 클릭합니다.

❹ [오브젝트 추가하기] 창이 열리면 [동물]-[땅]-'나만의 거북이', '뱀', '사마귀'를 선택한 후, <추가> 단추를 클릭합니다.

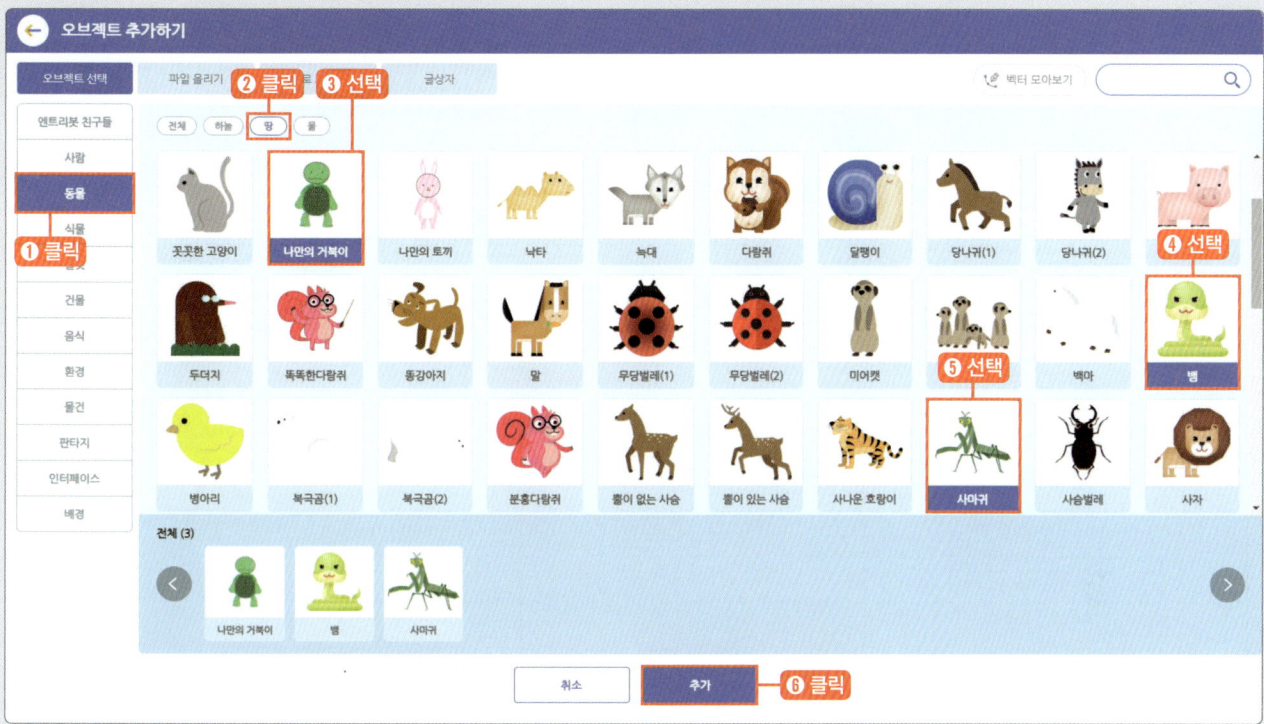

❺ [장면] 창의 오브젝트가 추가된 것을 확인하고, [모눈 종이]를 클릭합니다. 이어서, 오브젝트의 위치를 마우스로 드래그하여 변경합니다.

CHAPTER 02 무술장 **021**

❻ '사마귀' 오브젝트를 클릭하고 '오브젝트 목록'-'회전 방식( )' 아이콘을 클릭합니다. 이어서, '이동 방향'을 '270'으로 입력한 후, 키보드의 Enter 키를 누릅니다.

TIP
오브젝트를 정확한 위치로 이동하기

오브젝트	X 좌표	Y 좌표	크기
나만의 거북이	0	-15	80
뱀	80	-60	80
사마귀	-80	-70	100
	회전 방식( )		이동 방향 '270'

❼ 엔트리 화면 위쪽 메뉴의 [entry 220630_작품] 의 '220630_작품' 파일명을 삭제하고 '무술장'으로 파일명을 입력합니다.

❽ 위쪽 메뉴의 저장하기( )를 클릭한 후, [복사본으로 저장하기]를 클릭합니다. [다른 이름으로 저장] 대화상자가 나오면 바탕 화면 또는 자신이 원하는 폴더를 클릭합니다. 이어서, <저장> 단추를 클릭합니다.

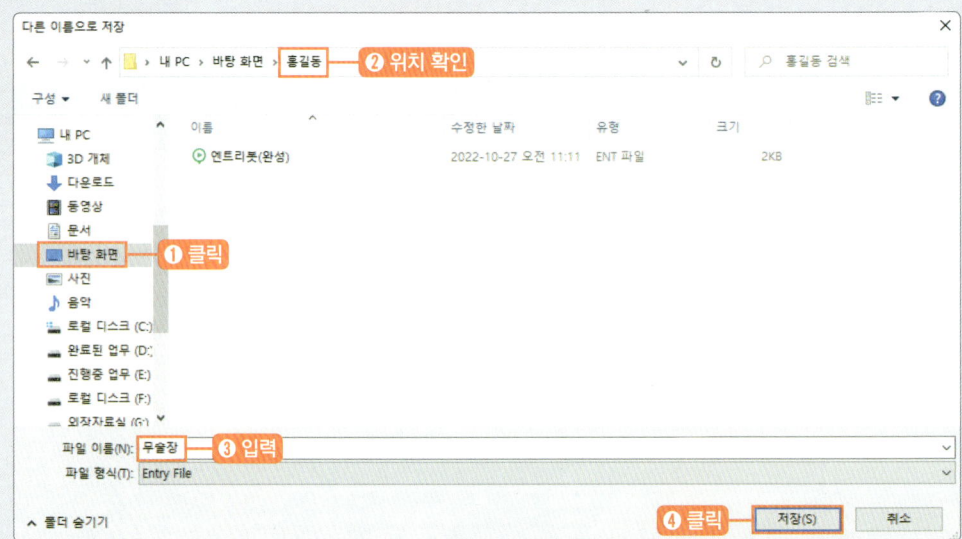

CHAPTER 02 문제해결능력 스스로 해결하기

■ 불러올 파일 : 없음　■ 완성된 파일 : 소행성(완성).ent

01　내 맘대로 상상하고 해결하기　　　　미리보기 : 소행성(완성).mp4

새 오브젝트를 추가하여 다음과 같이 완성해 봅니다.

02　컴퓨팅 사고력 키우기

전 세계에서 많은 사람들이 구경 왔어요. 어떤 사람들이 왔는지 아래 물음에 답을 적어 봅니다.

・배낭을 멘 사람은 □ 명　　・자전거를 타고 있는 사람은 □ 명
・줄넘기 하는 사람은 □ 명　　・나무 □ 그루

CHAPTER 03 수업준비하기! 코딩의 뇌를 깨우는 5분 스트레칭!

※ 코딩 교육 의무화 대비! 정답은 없어요! 창의력을 위해 자유롭게 적어봅니다.

컴퓨터 사고력은 순서도로 부터! 세수하기 순서를 확인하고 빈칸에 맞게 스티커를 붙여보세요.

코딩의 뇌를 깨우는 나만의 알고리듬! 문제해결능력! 세수를 했는데 다음과 같은 상황이라면 어떻게 해야 할까요?

비누 거품이 남았을 때	→	목과 귀쪽에 거품이 남아 있다면 옷이 젖지 않도록 목을 조심히 닦고 귀쪽에는 귀에 (　　)이 들어가지 않도록 세수를 해요.
얼굴이 미끈거릴 때	→	세안 방법 흐르는 물로 다시 한번 (　　　)를 해요.

문제해결능력을 위한 논코딩!

– 준비물 : 연필

보기를 참고하여 엔트리봇이 보물상자를 향해 움직일 수 있도록 화살표를 그려보세요.

보기

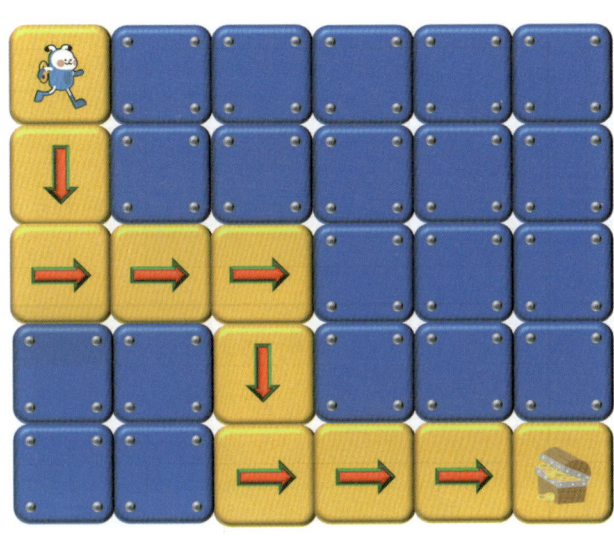

CHAPTER 03 바닷속

바닷속

▲ 미리보기
바닷속(완성).mp4

• 오브젝트를 클릭했을 때 개체를 맨 앞으로 보내기하는 방법에 대해 학습합니다.

■ 불러올 파일 : 없음   ■ 완성된 파일 : 바닷속(완성).ent

01 오브젝트 추가하기와 오브젝트 목록의 순서를 지정합니다.

❶ 엔트리 프로그램을 실행한 후 [오브젝트 목록] 창에서 '엔트리봇' 오브젝트의 삭제 단추(×)를 클릭하여 삭제합니다.

❷ [장면] 창의 ┼오브젝트 추가하기 를 클릭한 후, [오브젝트 추가하기] 창이 열리면 [배경]-[자연]-'바닷속(2)', [환경]-[자연]-'바위(1)', '바위(2)', [동물]-[물]-'꽃게', '문어(2)'를 선택한 후, <추가> 단추를 클릭합니다.

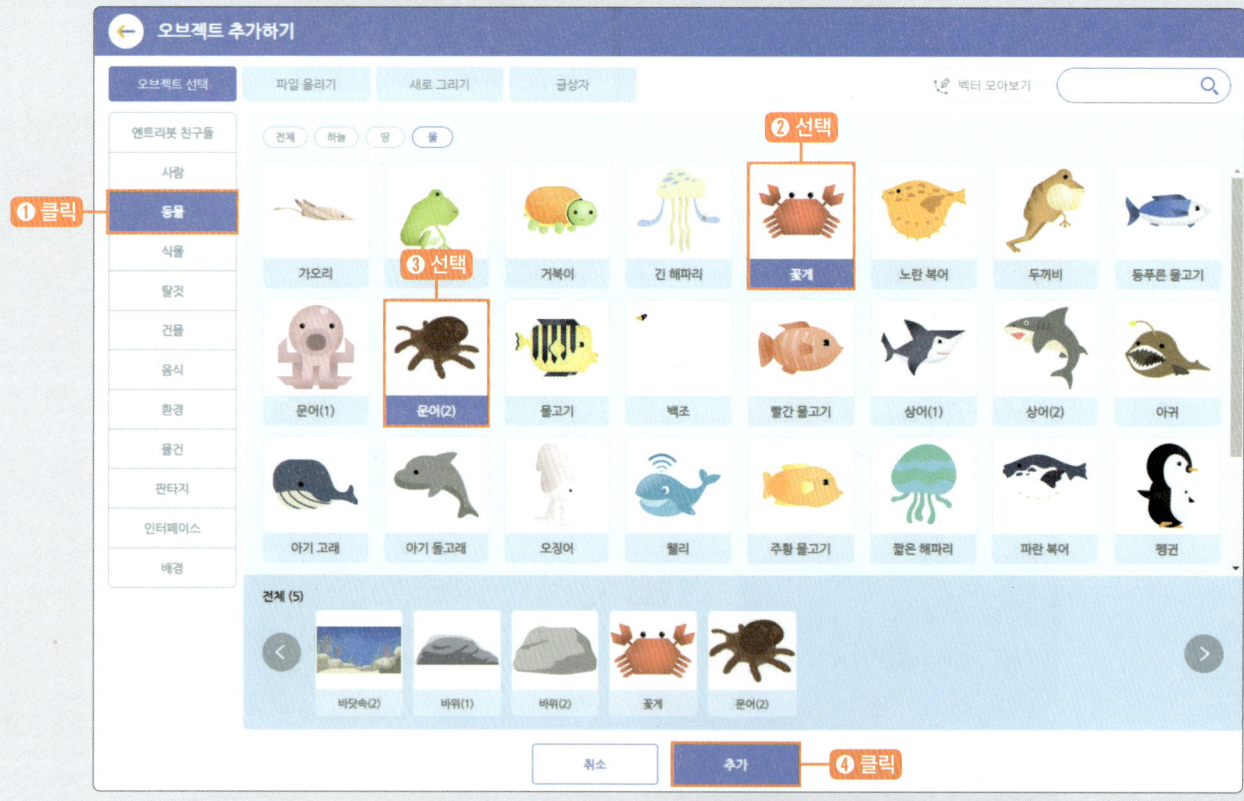

❸ 오브젝트가 추가된 것을 확인하고, [모눈 종이]를 클릭합니다. 이어서, 오브젝트의 위치를 마우스로 드래그하여 변경합니다.

❹ 오브젝트 목록 창에서 '문어(2)' 오브젝트를 클릭한 후, '바위(1)' 오브젝트 아래로 드래그 합니다.

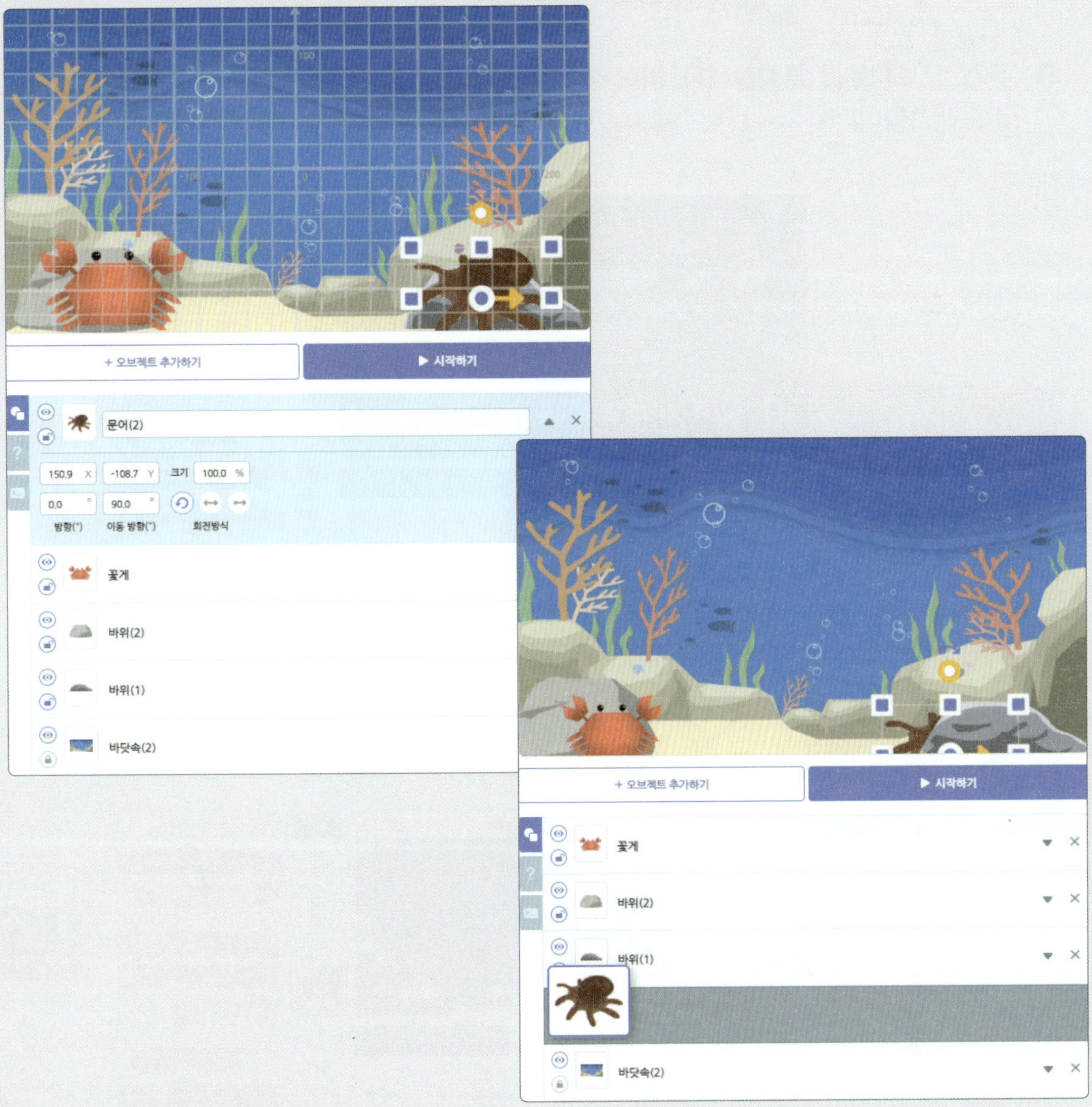

❺ 같은 방법으로 '꽃게' 오브젝트를 '바위(2)' 오브젝트 뒤로 이동 시킨 후 크기를 조절하여 배치합니다.

> **TIP**
> 오브젝트를 빨리 찾으려면 오브젝트 검색하기(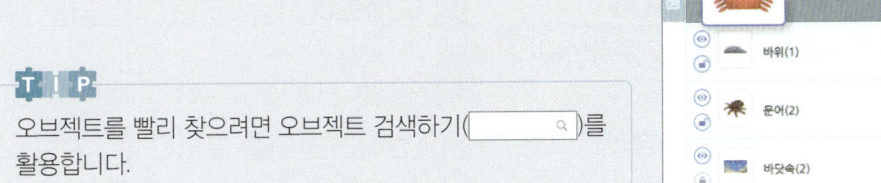)를 활용합니다.

CHAPTER 03 바닷속 **027**

02 오브젝트를 클릭했을 때 맨 앞으로 보내기 블록을 학습합니다.

① '꽃게' 오브젝트를 클릭합니다. 이어서, [블록 꾸러미]의 시작 를 클릭한 후 오브젝트를 클릭했을 때 를 [블록 조립소]로 드래그합니다.

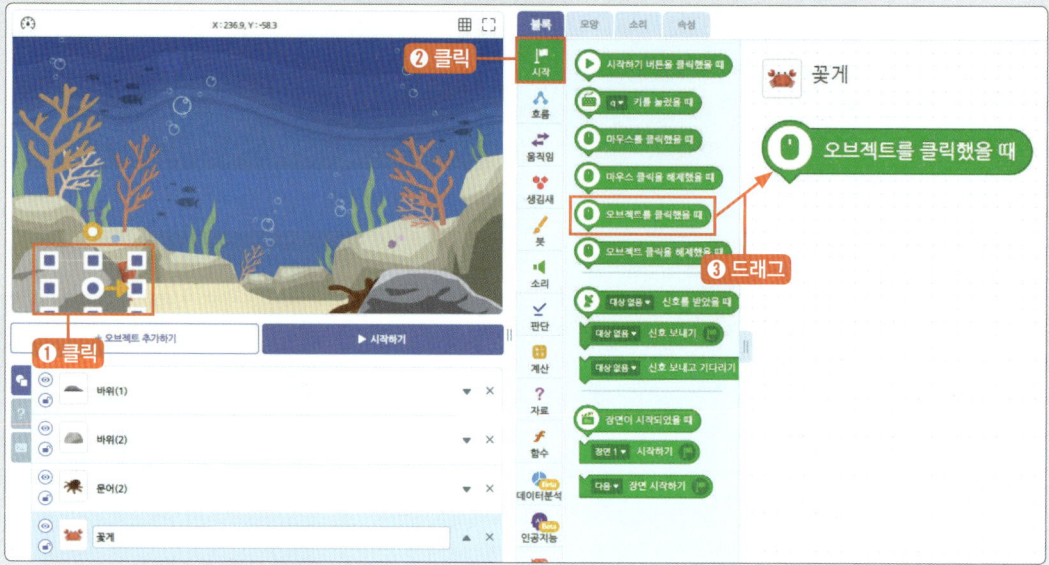

② [블록 꾸러미]의 생김새 를 클릭한 후 맨 앞으로 보내기 를 [블록 조립소]로 드래그합니다.

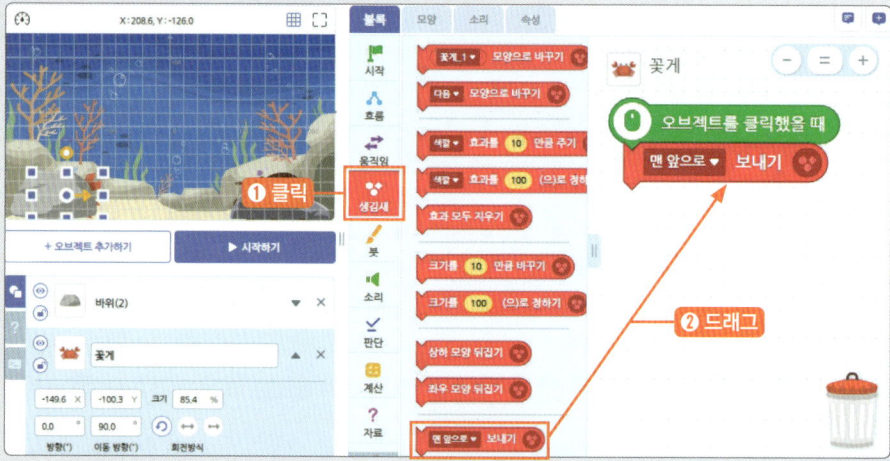

③ '문어(2)' 오브젝트를 클릭합니다. 이어서, 위와 같은 방법으로 코딩합니다.

④ 엔트리 장면 아래에 시작하기(▶ 시작하기)를 클릭하여 '꽃게'와 '문어(2)' 오브젝트를 클릭해 봅니다.

⑤ 엔트리 화면 위쪽 메뉴의 entry 220630_작품 의 '220630_작품'이라는 파일명을 삭제하고 '바닷속'이라고 입력한 후 저장하기( )를 클릭합니다.

⑥ [다른 이름으로 저장] 대화상자가 나오면 바탕화면 또는 자신이 원하는 폴더를 클릭한 후 <저장> 단추를 클릭합니다.

CHAPTER 03 문제해결능력 스스로 해결하기

■ 불러올 파일 : 없음　■ 완성된 파일 : 숨박꼭질(완성).ent

01 내 맘대로 상상하고 해결하기

미리보기 : 숨박꼭질(완성).mp4

오브젝트를 추가하여 오브젝트를 클릭하면 클릭한 오브젝트를 맨 앞으로 보내기 하세요.

02 컴퓨팅 사고력 키우기

냉장고 정리를 해야 해요. 규칙을 살펴보고, 재료를 알맞은 위치로 연결해 주세요.

CHAPTER 04 수업준비하기! 코딩의 뇌를 깨우는 5분 스트레칭!

※ 코딩 교육 의무화 대비! 정답은 없어요! 창의력을 위해 자유롭게 적어봅니다.

컴퓨터 사고력은 순서도로 부터!

학교가는 순서를 확인하고 빈칸에 맞게 스티커를 붙여보세요.

- 내방 이불을 정리해요.
- 책, 노트 등 준비물을 다시 한번 확인해요.
- 아침 밥을 먹어요.
- 양치질을 해요.
- 친구들이랑 같이 학교를 가요.

코딩의 뇌를 깨우는 나만의 알고리듬!

문제해결능력! 준비물이 없다면 어떻게 해야 할까요?

문구점에서 구입	준비물을 사야 할 돈이 있다면
	학교 앞 (　　)에서 준비물을 구입해요.
	준비물을 사야 할 돈이 없다면
	부모님께 준비물이 필요하다고 말씀드리고 (　)을 받아요.

엔트리로 배우는 코딩 첫걸음

아래의 패턴을 관찰하여 빈칸의 바다 동물 이름을 적어보세요.

CHAPTER 04 꿀벌

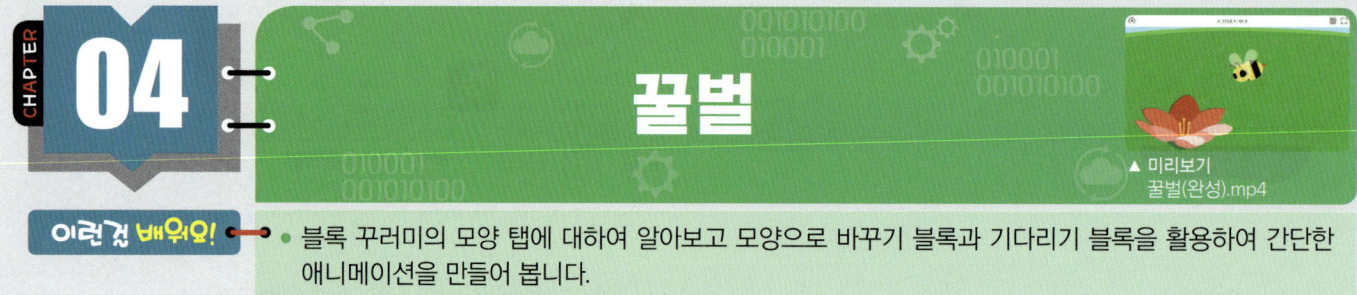

▲ 미리보기
꿀벌(완성).mp4

이런것 배워요!
- 블록 꾸러미의 모양 탭에 대하여 알아보고 모양으로 바꾸기 블록과 기다리기 블록을 활용하여 간단한 애니메이션을 만들어 봅니다.

■ 불러올 파일 : 없음   ■ 완성된 파일 : 꿀벌(완성).ent

01 오브젝트를 추가하고 블록 꾸러미의 모양 탭에서 오브젝트의 모양을 살펴봅니다.

❶ '엔트리봇' 오브젝트를 삭제한 다음 [장면] 창의 `+오브젝트 추가하기`를 클릭한 후, [오브젝트 추가하기] 창이 열리면 [배경]-[자연]-'잔디밭', [식물]-[꽃]-'꽃(1)', [동물]-[하늘]-'꿀벌'을 선택한 후 <추가> 단추를 클릭합니다.

▲ 잔디밭   ▲ 꽃(1)   ▲ 꿀벌

❷ 오브젝트가 추가된 것을 확인하고, [모눈 종이]를 클릭합니다. 이어서, 오브젝트의 위치를 마우스로 드래그하여 변경합니다.

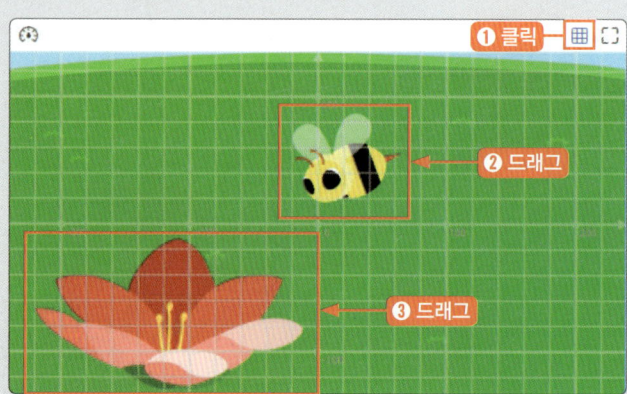

❸ '꽃(1)' 오브젝트를 클릭합니다. 이어서, [모양] 탭을 클릭한 후 오브젝트에 포함된 이미지를 확인합니다.

02 [시작하기]를 클릭했을 때 1초마다 꽃의 모양이 변경되는 코딩 블록을 학습합니다.

❶ '꽃(1)' 오브젝트를 클릭한 상태에서 [블록 꾸러미]의 시작 - 시작하기 버튼을 클릭했을 때 , 생김새 - 꽃(1)_완전히 핀 상태 모양으로 바꾸기 , 흐름 - 2 초 기다리기 를 [블록 조립소]로 드래그하여 다음과 같이 연결합니다.

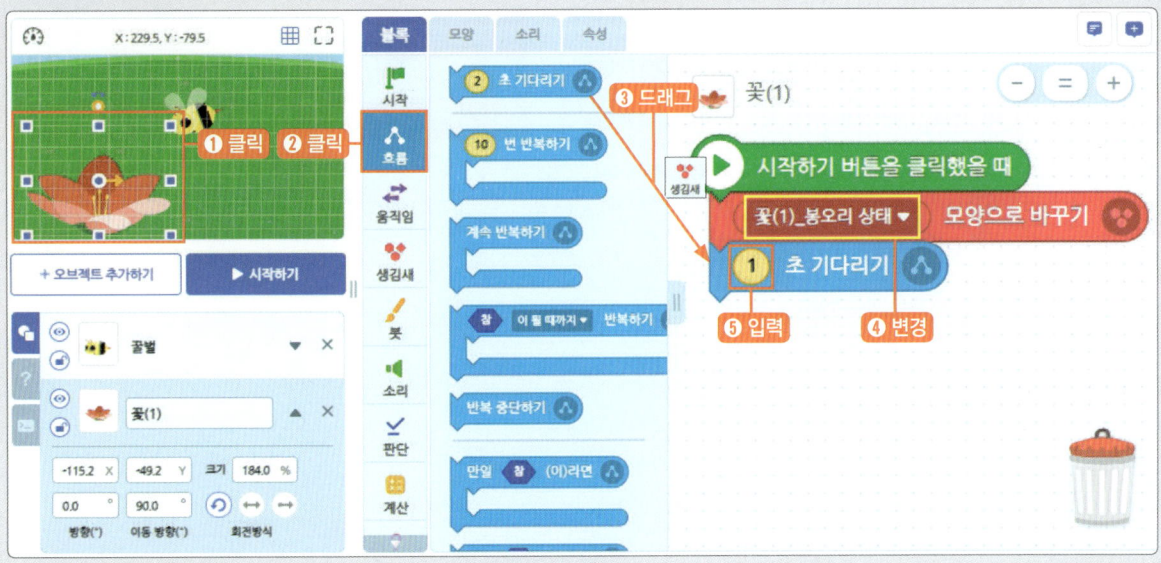

CHAPTER 04 꿀벌 033

❷ 조립한 블록 중 '~모양으로 바꾸기' 블록을 마우스 오른쪽 단추를 클릭해 [바로 가기] 메뉴가 나오면 [코드 복사 & 붙여넣기]를 클릭합니다.

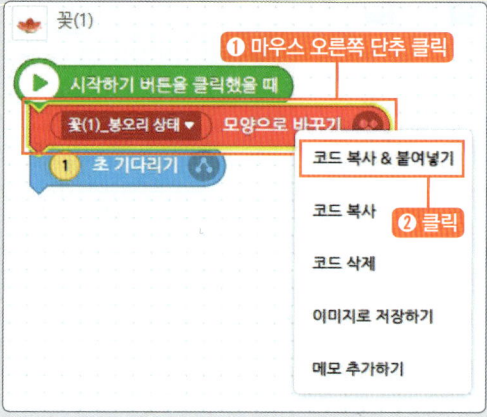

❸ 복사된 명령 블록을 아래로 연결합니다. 이어서, 화살표 목록단추를 눌러 다음과 같이 모양을 변경합니다.

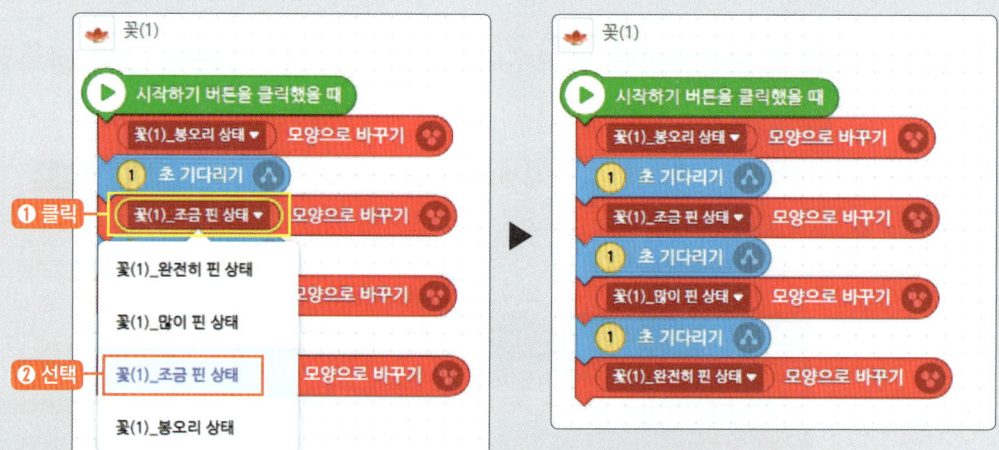

CHAPTER 04

 스스로 해결하기

■ 불러올 파일 : 마녀의 빗자루.ent   ■ 완성된 파일 : 마녀의 빗자루(완성).ent

01 내 맘대로 상상하고 해결하기

미리보기 : 마녀의 빗자루(완성).mp4

오브젝트를 추가한 후, 앞에서 배운 기능들을 활용하여 완성하세요.

조건 '마녀' 시작하기 버튼을 클릭했을 때 '마녀(1)_1' 모양에서 1초 마다 '마녀(1)_2', '마녀(1)_3' 모양으로 바뀝니다.

02 컴퓨팅 사고력 키우기

모눈종이 안에 있는 숫자 0과 1 중에서 '1' 부분만 연필로 칠하면 어떤 글자가 나오는지 확인해 보세요.

0	0	1	1	0	0	0	1	0	1
0	1	0	0	1	0	0	1	0	1
0	1	0	0	1	0	1	1	0	1
0	1	0	0	1	0	0	1	0	1
0	0	1	1	0	0	0	1	0	1
0	0	1	0	0	0	0	1	0	0
0	0	1	0	0	0	0	1	0	0
0	0	0	1	1	1	1	1	1	0

0	0	0	0	0	0	0	0	0	0
0	0	1	1	1	1	1	0	0	0
0	0	1	0	0	0	0	0	0	0
0	0	1	1	1	1	1	0	0	0
0	0	1	0	0	0	0	0	0	0
0	0	1	1	1	1	1	0	0	0
0	1	1	1	1	1	1	1	0	0
0	0	0	0	0	0	0	0	0	0

0	0	0	0	0	0	0	1	0	0
0	1	1	1	1	1	1	1	0	0
0	0	0	0	0	1	0	1	0	0
0	0	0	0	0	1	0	1	0	0
0	1	1	1	1	1	1	1	0	0
0	0	0	0	0	0	0	1	0	0
0	1	1	1	1	1	1	1	0	0
0	0	0	0	0	0	0	1	0	0

▶ 정답 : (   )

CHAPTER 05 수업준비하기! 코딩의 뇌를 깨우는 5분 스트레칭!

※ 코딩 교육 의무화 대비! 정답은 없어요! 창의력을 위해 자유롭게 적어봅니다.

컴퓨터 사고력은 순서도로 부터! 연필 깎는 순서를 확인하고 빈칸에 맞게 스티커를 붙여보세요.

연필깎이를 준비해요.

연필을 연필깎이에 넣어요.

손잡이를 돌려 연필을 깎아요.

연필이 잘 깎였는지 확인해요.

연필심이 나올 때까지 다시 손잡이를 돌려 연필을 깎아요.

깎은 연필을 필통에 정리를 해요.

코딩의 뇌를 깨우는 나만의 알고리듬! 문제해결능력! 연필을 깎은 후 아래와 같은 상황이라면 어떻게 해야 할까요?

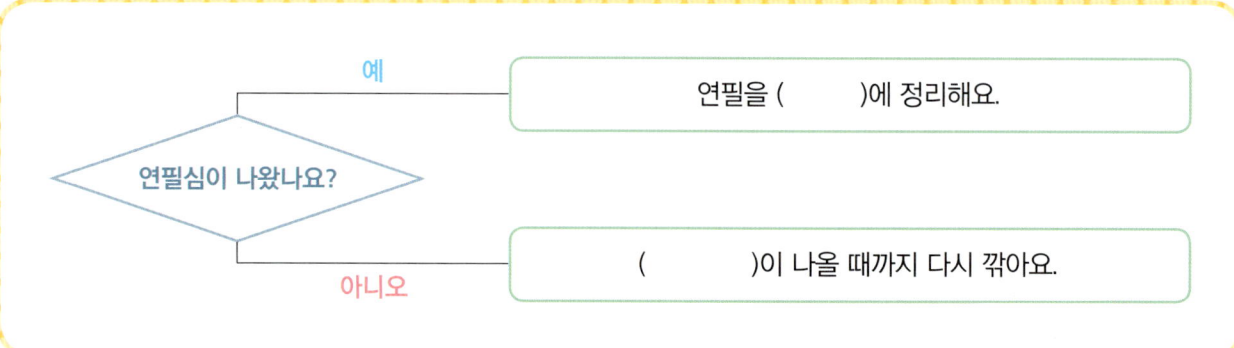

연필심이 나왔나요?
- 예 → 연필을 (   )에 정리해요.
- 아니오 → (   )이 나올 때까지 다시 깎아요.

문제해결능력을 위한 눈코딩!

– 준비물 : 연필

그림에 맞는 색상끼리 연결해 보세요.

❶

❷

CHAPTER 05 개와 고양이 037

CHAPTER 05 개와 고양이

▲ 미리보기
개와 고양이(완성).mp4

이런걸 배워요! • 기다리기와 말하기 블록을 활용하여 간단한 애니메이션을 만들어 봅니다.

■ 불러올 파일 : 없음　■ 완성된 파일 : 개와 고양이(완성).ent

01 오브젝트를 추가하고 고양이 오브젝트를 코딩해 봅니다.

❶ '엔트리봇' 오브젝트를 삭제한 다음 [장면] 창의 ┌오브젝트 추가하기┐를 클릭한 후, [오브젝트 추가하기] 창이 열리면 [배경]-[자연]-'시골길', [동물]-[땅]-'우화-강아지, 우화-고양이'를 선택한 다음 <추가> 단추를 클릭합니다.

▲ 시골길

▲ 우화-강아지, 우화-고양이

❷ 오브젝트가 추가된 것을 확인하고, [모눈 종이]를 클릭합니다. 이어서, 오브젝트의 위치를 마우스로 드래그하여 변경합니다.

❸ '우화-고양이' 오브젝트를 클릭합니다. 이어서, 시작 - 시작하기 버튼을 클릭했을 때 , 생김새 - 안녕! 을(를) 4 초 동안 말하기 를 [블록 조립소]로 드래그하여 다음과 같이 연결합니다.

❹ '같이가~'라고 입력 후 '2'초 동안 말하기로 변경합니다. 이어서, [블록 조립소]의 말하기 블록을 마우스 오른쪽 단추를 클릭한 후, [코드 복사 & 붙여넣기]를 클릭합니다.

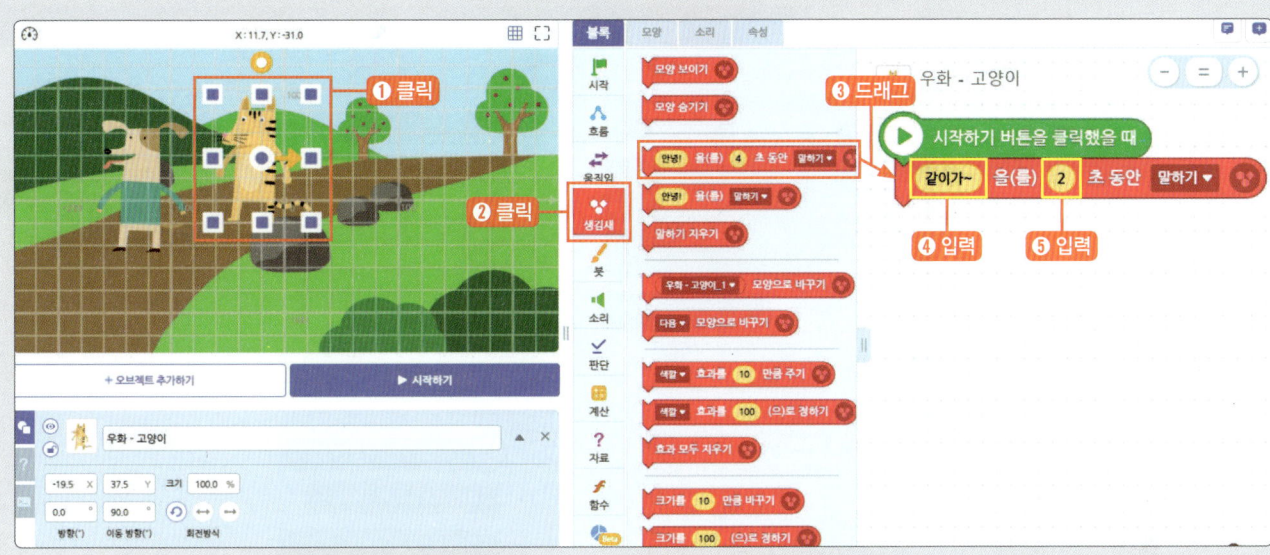

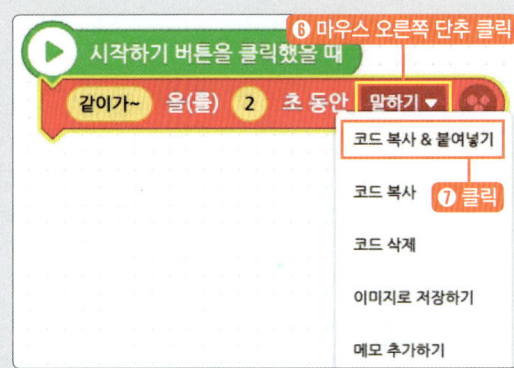

❺ 다음과 같이 내용을 수정합니다.

❻ 흐름 - 2 초 기다리기 를 [블록 조립소]로 드래그하여 다음과 같이 끼워 넣은 후 '4'초 기다리기로 변경합니다.

CHAPTER 05 개와 고양이 039

02 오브젝트가 좌·우 모양이 바뀌도록 코딩합니다.

❶ '우화-강아지' 오브젝트를 클릭합니다. 이어서, [시작] - [시작하기 버튼을 클릭했을 때], [흐름] - [2초 기다리기]를 [블록 조립소]로 드래그하여 다음과 같이 연결합니다.

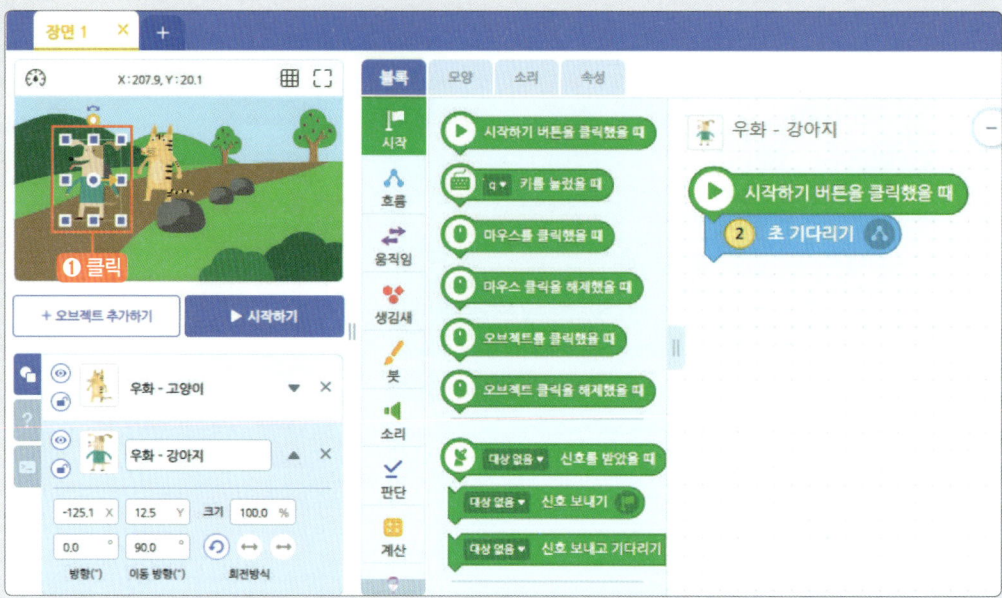

❷ [생김새] - [좌우 모양 뒤집기], [안녕! 을(를) 4초 동안 말하기]를 [블록 조립소]로 드래그하여 다음과 같이 연결합니다. 이어서, '할머니 구슬을 찾으려면 빨리 가야해' 입력 후 '4'초 동안 말하기로 변경합니다.

❸ [블록 조립소]의 '2초 기다리기' 블록을 마우스 오른쪽 단추를 클릭한 후 [코드 복사 & 붙여넣기]를 클릭합니다. 이어서, 다음과 같이 내용을 변경합니다.

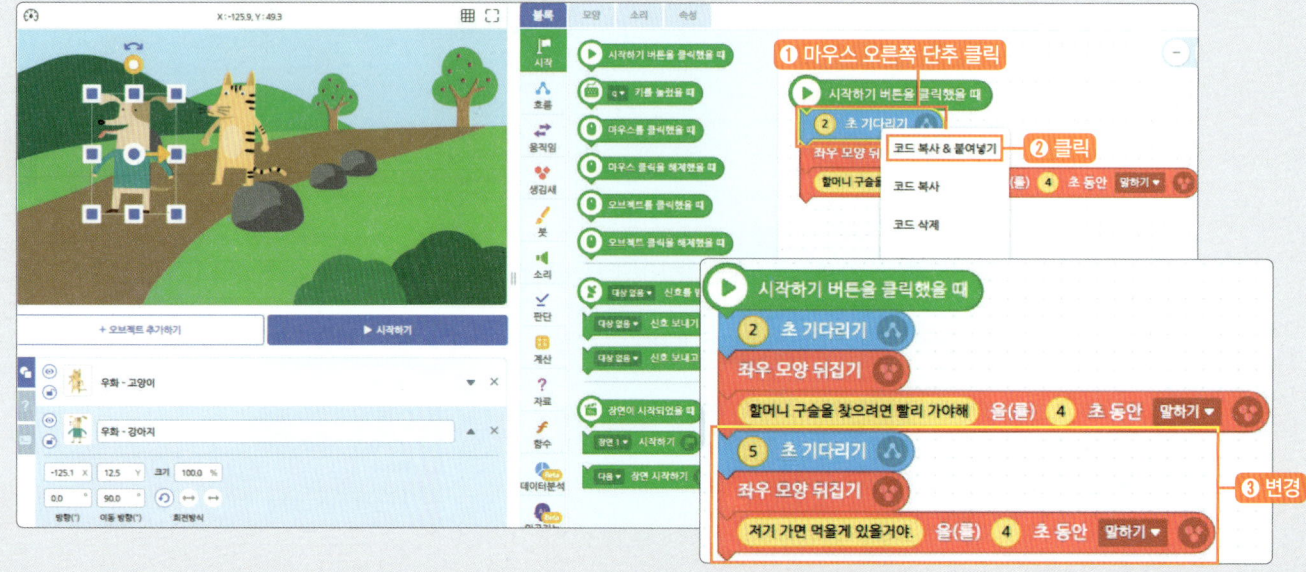

CHAPTER 05 · 문제해결능력 스스로 해결하기

📁 불러올 파일 : 보물 발견.ent   📁 완성된 파일 : 보물 발견(완성).ent

01 내 맘대로 상상하고 해결하기

미리보기 : 보물 발견(완성).mp4

오브젝트를 추가한 후 앞에서 배운 기능들을 활용하여 완성하세요.

잠수부	① 시작하기 버튼을 클릭했을 때 ② '아니 저곳에 보물이?'를 3초 동안 말하기 ③ 3초 기다리기 ④ '문어 해적이잖아' 2초 동안 말하기 ⑤ 2초 기다리기 ⑥ '일단 도망가자' 2초 동안 말하기 ⑦ 좌우 모양 뒤집기
해적문어	① 시작하기 버튼을 클릭했을 때 ② 3초 기다리기 ③ '아니 인간이 나타나다니…' 3초 동안 말하기 ④ 좌우 모양 뒤집기 ⑤ 2초 기다리기 ⑥ '이 보물은 내거야' 2초 동안 말하기

CHAPTER 06 수업준비하기! 코딩의 뇌를 깨우는 5분 스트레칭!

※ 코딩 교육 의무화 대비! 정답은 없어요! 창의력을 위해 자유롭게 적어봅니다.

컴퓨터 사고력은 순서도로 부터!

맛있는 학교 급식 먹는 순서를 확인하고 빈칸에 맞게 스티커를 붙여보세요.

코딩의 뇌를 깨우는 나만의 알고리즘!

문제해결능력! "급식을 받았거나 받지 않았다면" 어떻게 행동을 해야 할지 순서도를 완성해 보세요.

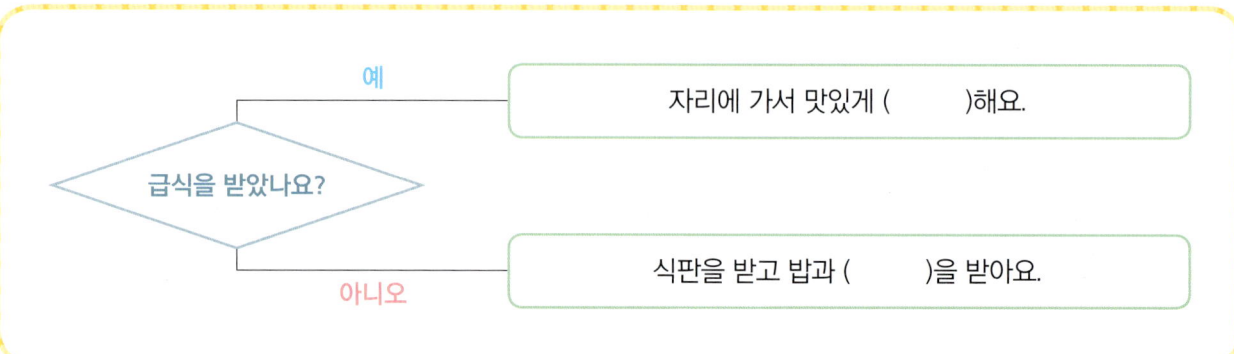

- 예 → 자리에 가서 맛있게 (　　　)해요.
- 급식을 받았나요?
- 아니오 → 식판을 받고 밥과 (　　　)을 받아요.

문제해결능력을 위한 눈코딩!

— 준비물 : 연필

도형의 이야기를 듣고 도형 모양이 있어야 할 곳에 예쁘게 그려주세요.

CHAPTER 06 알라딘

CHAPTER 06 알라딘

▲ 미리보기
알라딘(완성).mp4

이런걸 배워요! ● 장면을 추가하고 장면 이름을 변경한 후 글상자 오브젝트를 추가해 봅니다.

📁 불러올 파일 : 없음   📁 완성된 파일 : 알라딘(완성).ent

01 장면을 추가하고 장면의 이름을 변경한 후, 오브젝트를 추가해 봅니다.

❶ [장면 1] 창의 '장면 1'을 클릭한 후, 커서가 나타나면 '요술램프'라고 입력합니다.

❷ '엔트리봇' 오브젝트를 삭제한 후 [+ 오브젝트 추가하기]를 클릭합니다. 이어서, [오브젝트 추가하기] 창이 열리면 [배경]-[자연]-'사막(1)', [판타지]-'아랍 왕자', [물건]-'결과 확인 버튼'을 클릭한 후, <추가> 단추를 클릭합니다.

  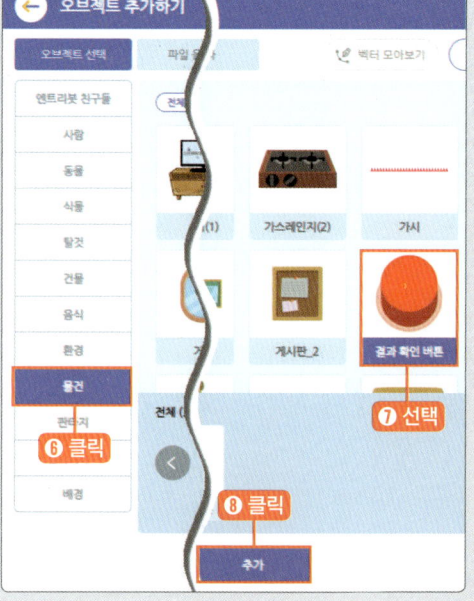

▲ 사막(1)　　　　▲ 아랍 왕자　　　　▲ 결과 확인 버튼

❸ 오브젝트의 위치와 크기를 다음과 같이 적당히 변경합니다.

❹ [장면 1] 창의 ' + '을 클릭한 후, 장면이 추가되면 '공주의 방'이라고 입력합니다.

❺ + 오브젝트 추가하기 를 클릭한 다음 [배경]-[실내]-'공주방', [판타지]-'아랍 공주', '아랍 왕자'를 클릭한 후, <추가> 단추를 클릭합니다. 이어서, 다음과 같이 배치합니다.

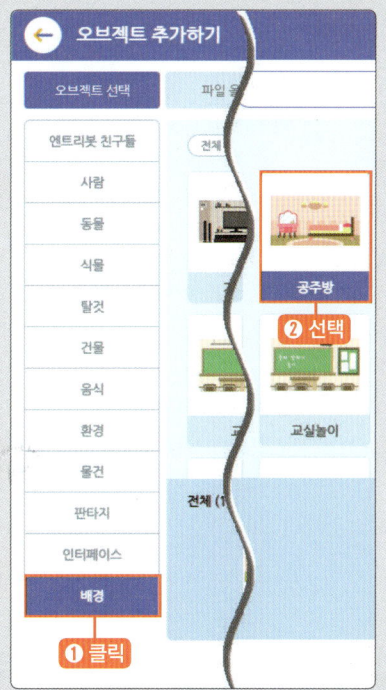

▲ 공주방

▲ 아랍 공주, 아랍 왕자

02 글상자 오브젝트를 추가하고 오브젝트를 클릭했을 때 공주의 방 장면으로 이동해 봅니다.

❶ [요술램프] 장면을 선택한 후 +오브젝트 추가하기 를 클릭합니다. 이어서, 위쪽의 '글상자' 탭을 클릭한 다음 '공주에게로'를 입력한 후 <적용하기> 단추를 클릭합니다.

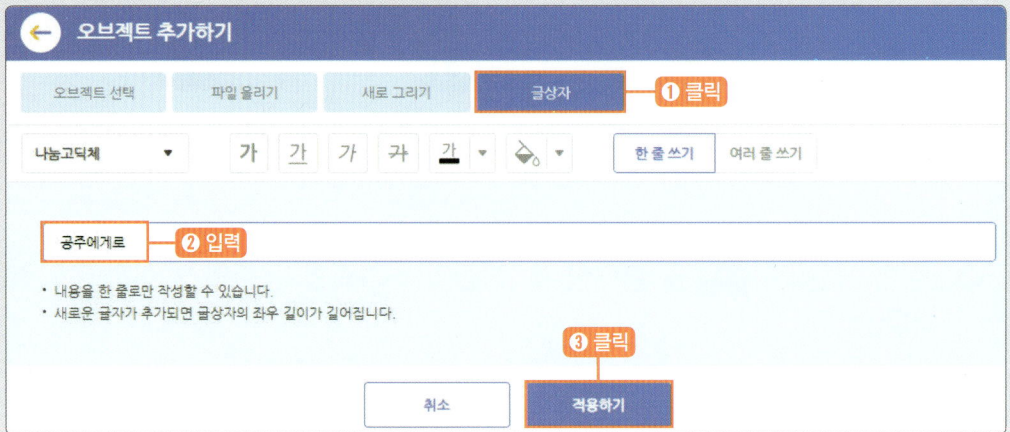

❷ '공주에게로' 글상자 오브젝트를 클릭한 후, 블록 꾸러미의 '글상자' 탭을 클릭합니다. 이어서, '글꼴 : 산돌 별이 샤방샤방', '굵게', '채우기 색상 : 없음'으로 지정합니다.

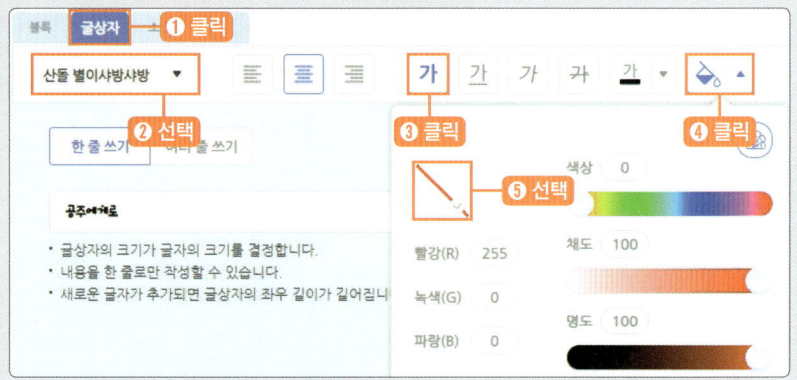

❸ 다음과 같이 '결과 확인 버튼' 오브젝트 위로 글상자를 이동합니다.

❹ '결과 확인 버튼'을 클릭합니다. 이어서, [시작]-[오브젝트를 클릭했을 때], [요술램프 시작하기]를 [블록 조립소]로 드래그하여 다음과 같이 연결합니다.

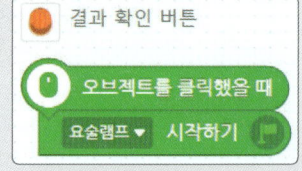

❺ '요술램프 시작하기'의 목록 단추를 클릭하여 '공주의 방'을 선택합니다.

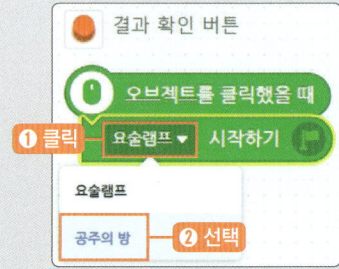

CHAPTER 06  스스로 해결하기

📘 불러올 파일 : 아기돼지들의 집 소개.ent   📗 완성된 파일 : 아기돼지들의 집 소개(완성).ent

01 내 맘대로 상상하고 해결하기

미리보기 : 아기돼지들의 집 소개(완성).mp4

불러올 파일을 불러와 다음 조건에 맞게 코딩을 완성해 보세요.

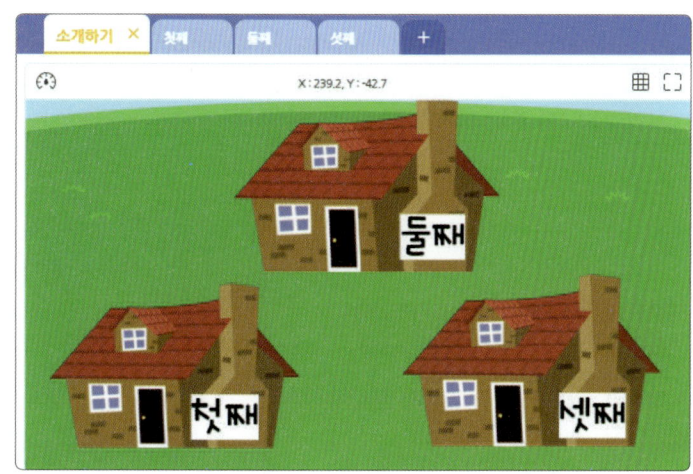

[소개하기] 장면에 글상자 오브젝트를 삽입하여 '첫째', '둘째', '셋째' 글상자를 입력한 후, 다음과 같이 코딩합니다.

- 첫째 돼지 집 오브젝트를 클릭 하면 '첫째' 시작하기
- 둘째 돼지 집 오브젝트를 클릭 하면 '둘째' 시작하기
- 셋째 돼지 집 오브젝트를 클릭 하면 '셋째' 시작하기

첫째 장면	둘째 장면	셋째 장면

프로필 단추를 클릭하면 '소개하기' 장면 시작하기	프로필 단추를 클릭하면 '소개하기' 장면 시작하기	프로필 단추를 클릭하면 '소개하기' 장면 시작하기

CHAPTER 07 수업준비하기! 코딩의 뇌를 깨우는 5분 스트레칭!

※ 코딩 교육 의무화 대비! 정답은 없어요! 창의력을 위해 자유롭게 적어봅니다.

컴퓨터 사고력은 순서도로부터!

길을 잃었을 경우 어떻게 대처하는지 순서를 확인하고 빈칸에 맞게 스티커를 붙여보세요.

코딩의 뇌를 깨우는 나만의 알고리즘!

나는 이렇게 해요! 길을 잃었다면 나는 어떻게 했을까요?

시작

⬇

먼저 주변을 둘러보고 집이나 학교 등 내가 아는 장소가 있는지 확인을 해요.

⬇

주변에 (   ), 소방서, (   ) 등이 있으면 찾아가 도움을 요청해요.

⬇

낯선 곳이라면 휴대폰으로 먼저 부모님 또는 (   )에 전화를 해요.

⬇

(   )이 많은 곳에서 기다려요.

⬇

모르는 사람이 같이 가자고 하면 기다렸다가 경찰관이 온다고 얘기하고 기다려요.

⬇

경찰관이나 (   )이 오면 같이 가요.

⬇

끝

문제해결능력을 위한 눈코딩!

― 준비물 : 연필

① 우주인이 타고자 하는 로켓으로 이동해 보세요.

② 토끼가 가야할 행성으로 이동해 보세요.

CHAPTER 07 바닷속 세상

바닷속 세상

▲ 미리보기
바닷속 세상(완성).mp4

이런걸 배워요! 바닷속 동물들 오브젝트의 회전 방식을 변경하고 움직이기 합니다. 화면 끝에 닿으면 튕기기 해봅니다.

■ 불러올 파일 : 없음   ■ 완성된 파일 : 바닷속 세상(완성).ent

01 장면과 오브젝트를 추가하고 회전 방식을 변경하여 코딩해 봅니다.

❶ '엔트리봇' 오브젝트를 삭제한 후, 배경 오브젝트와 물속 동물 오브젝트를 추가하여 적절히 배치합니다.

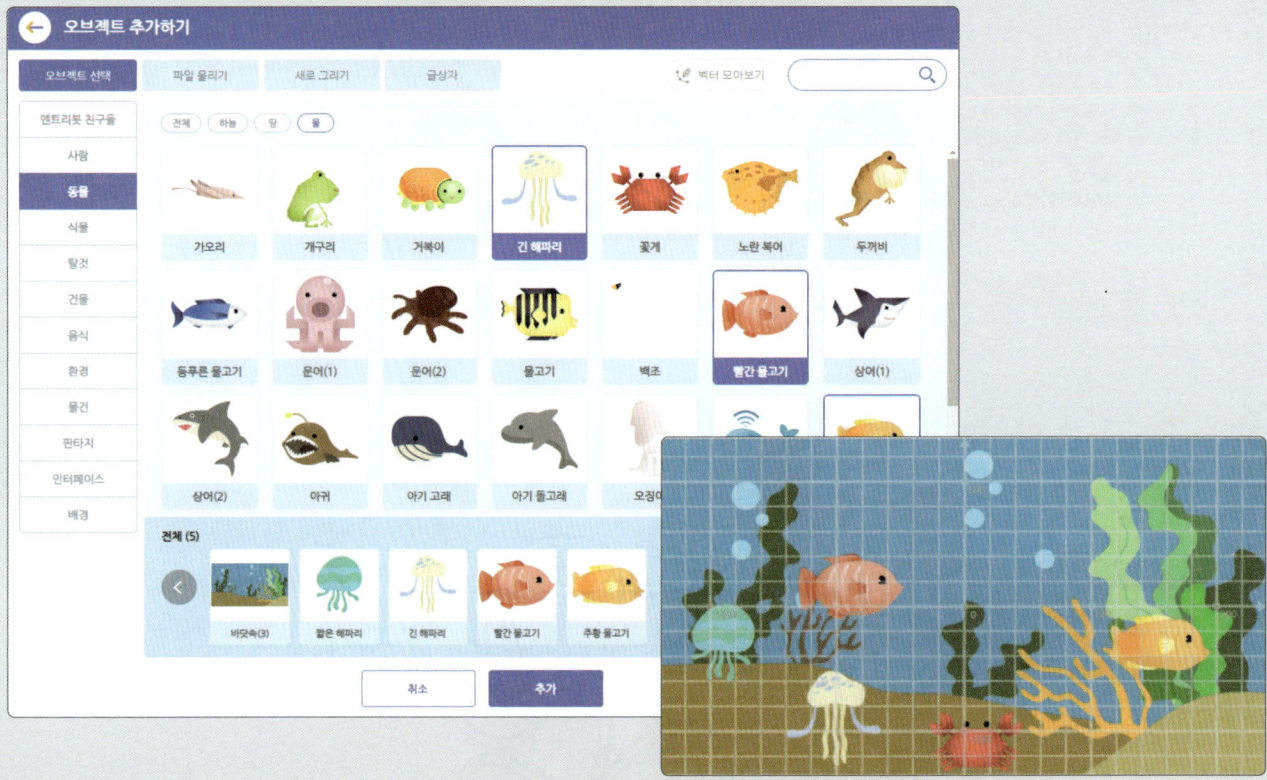

❷ '짧은 해파리' 오브젝트를 클릭한 후 오브젝트 목록 창에서 '크기 : 60%' 입력한 후 Enter 키를 누릅니다. 이어서, '회전방식 : 좌우 회전', '이동 방향 : 330'으로 입력한 후 Enter 키를 누릅니다.

❸ 🏁 시작 - ▶ 시작하기 버튼을 클릭했을 때, 🔁 흐름 - 계속 반복하기 를 [블록 조립소]로 드래그하여 다음과 같이 연결합니다.

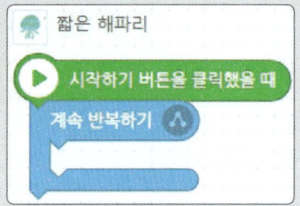

④ 움직임 - 이동 방향으로 10 만큼 움직이기 , 화면 끝에 닿으면 튕기기 를 [블록 조립소]로 드래그하여 다음과 같이 연결합니다. 이어서, 움직이기의 값을 '0.5'로 다음과 같이 변경합니다.

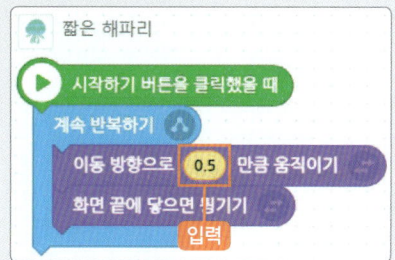

⑤ 같은 방법으로 다른 오브젝트도 다음과 같이 변경합니다.

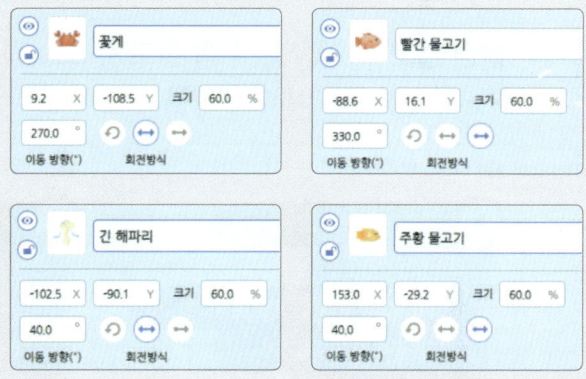

02 코딩 블록을 코드 복사하여 붙여넣기 해봅니다.

① '짧은 해파리' 오브젝트를 클릭한 후, [블록 조립소]의 [시작하기 버튼을 클릭했을 때] 블록을 마우스 오른쪽 단추를 클릭한 다음 [코드 복사]를 클릭합니다.

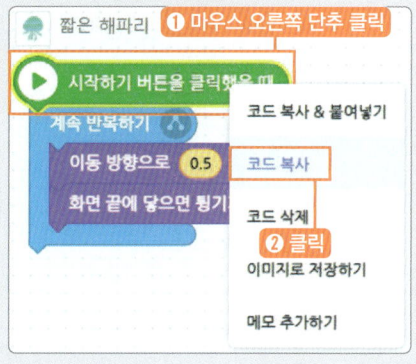

❷ '긴 해파리' 오브젝트를 클릭합니다. 이어서, [블록 조립소] 위에 마우스 오른쪽 단추를 클릭한 후 [붙여넣기]를 클릭합니다.

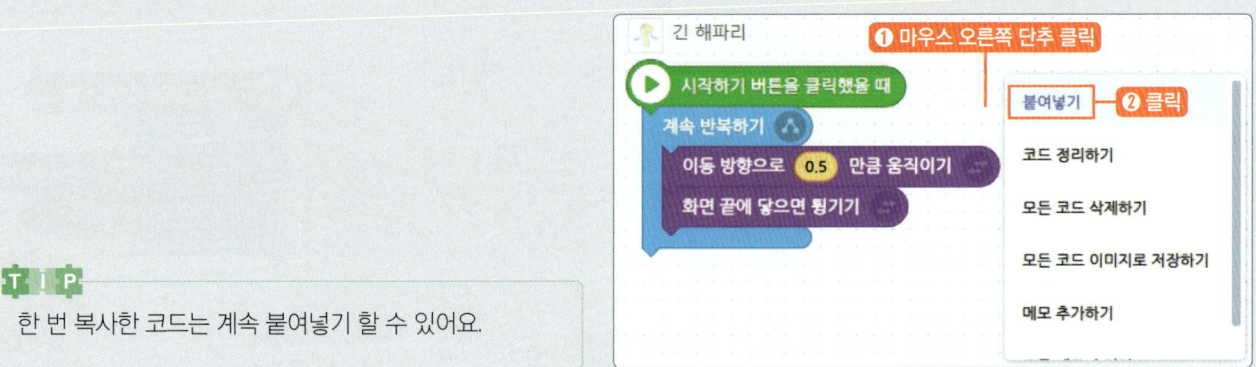

TIP 한 번 복사한 코드는 계속 붙여넣기 할 수 있어요.

❸ '빨간 물고기', '꽃게', '주황 물고기' 오브젝트에도 각 오브젝트를 클릭하여 해당 [블록 조립소] 위에 [붙여넣기] 합니다. 이어서, 다음과 같이 움직임의 값만 변경합니다.

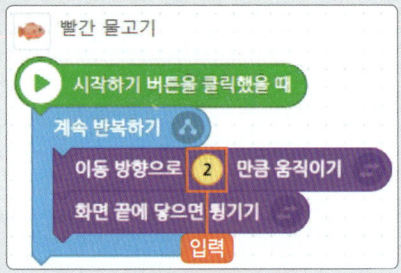 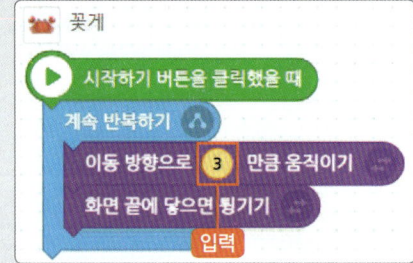 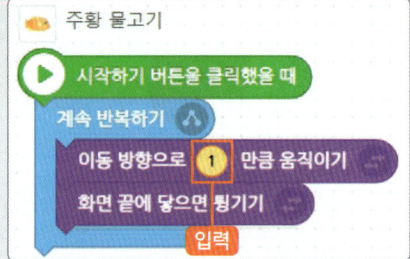

CHAPTER 07  스스로 해결하기

■ 불러올 파일 : 없음　■ 완성된 파일 : 장난감공장(완성).ent

01 내 맘대로 상상하고 해결하기

미리보기 : 장난감공장(완성).mp4

오브젝트를 추가하고 앞에서 배운 기능들을 활용하여 완성하세요.

배경 오브젝트 : '공장(2)'

오브젝트 : '곰인형', '인형', '판다인형', '네모로봇'

> '곰인형', '인형', '판다인형' 오브젝트 – '크기 : 50%', '회전방식 – 한쪽방향'
>
> **코딩하기 ▼**
>
> ① 시작하기 버튼을 클릭했을 때
> ② 이동 방향으로 0.5 만큼 움직이고 화면 끝에 닿으면 튕기기를 계속 반복합니다.

> '네모로봇' 오브젝트 – '크기 : 100%', '회전방식 – 좌우방향'
>
> **코딩하기 ▼**
>
> ① 시작하기 버튼을 클릭했을 때
> ② 이동 방향으로 1 만큼 움직이고 화면 끝에 닿으면 튕기기를 계속 반복합니다.

CHAPTER 08 수업준비하기! 코딩의 뇌를 깨우는 5분 스트레칭!

※ 코딩 교육 의무화 대비! 정답은 없어요! 창의력을 위해 자유롭게 적어봅니다.

컴퓨터 사고력은 순서대로 부터!

엘리베이터가 고장 났을 경우 어떻게 대처하는지 순서를 확인하고 빈칸에 맞게 스티커를 붙여보세요.

엘리베이터가 "쿵"하고 멈췄어요.

↓

울지말고 엘리베이터에 있는 비상벨을 눌러요.

↓

엘리베이터에 갇혔다고 알리고 도와달라고 해요.

↓

만약 대답을 하지 않으면 119에 신고를 해요.

↓

뛰거나 문을 억지로 열지 말고 구조 대원이 올 때까지 기다려요.

↓

다친 곳이 있으면 소방관에게 말씀드리고 고맙다고 인사를 해요.

코딩의 뇌를 깨우는 나만의 알고리즘!

문제해결능력! 만약 비상벨이 고장나고 휴대폰이 없어 119에 신고할 수 없다면 어떻게 해야 할까요?

| 엘리베이터 고장 | → | - 울지 않아요.
- (　　　　　)라고 소리를 쳐요.
- 강제로 (　　)을 열거나 절대 뛰지 않아요.
- 응답이 없으면 노래를 부르면서 (　　　)이 올 때까지 침착하게 기다려요. |

문제해결능력을 위한 눈코딩! — 준비물 : 연필

동물 친구들이 좋아하는 과일을 찾아 적어 봅니다.

 내가 좋아하는 과일은 바나나와 체리 사이에 있어. 무엇일까? (   )

 내가 좋아하는 과일은 세번째 줄 첫번째 칸에 있어. 무엇일까? (   )

 내가 좋아하는 과일은 첫번째 줄 오른쪽 끝에 있어. 무엇일까? (   )

 내가 좋아하는 과일은 두번째 줄 두번째 칸에 있어.. 무엇일까? (   )

CHAPTER 08 잠자리

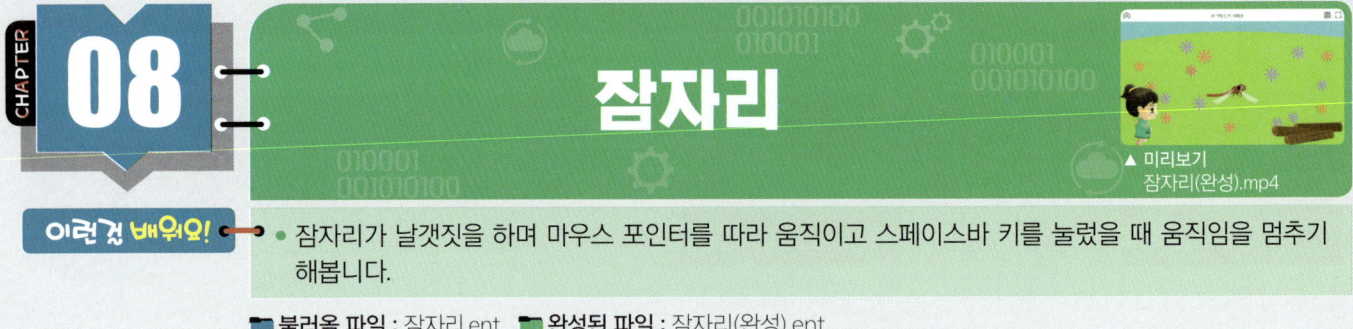

▲ 미리보기
잠자리(완성).mp4

이런걸 배워요! ● 잠자리가 날갯짓을 하며 마우스 포인터를 따라 움직이고 스페이스바 키를 눌렀을 때 움직임을 멈추기 해봅니다.

📁 불러올 파일 : 잠자리.ent   📁 완성된 파일 : 잠자리(완성).ent

01 불러올 파일을 불러와 잠자리가 날갯짓을 하도록 코딩해 봅니다.

❶ '잠자리.ent' 파일을 불러옵니다. 이어서, '잠자리' 오브젝트를 선택하고 [시작]-[시작하기 버튼을 클릭했을 때], [흐름]-[계속 반복하기]를 [블록 조립소]로 드래그하여 다음과 같이 연결합니다.

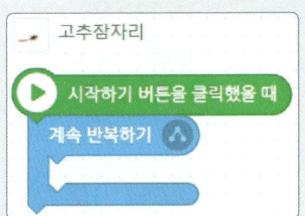

❷ [움직임]-[뛰어노는 아이 ▼ 위치로 이동하기]를 [블록 조립소]로 드래그하여 '계속 반복하기' 블록 안으로 연결합니다. 이어서, 목록 단추를 클릭하여 다음과 같이 지정합니다.

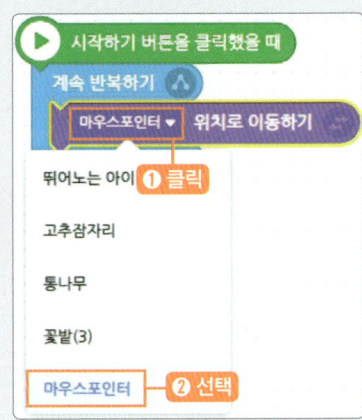

❸ 생김새 - 다음 모양으로 바꾸기 , 흐름 - 2 초 기다리기 를 [블록 조립소]로 드래그하여 다음과 같이 끼워 넣은 후 '0.1'초 기다리기로 변경합니다.

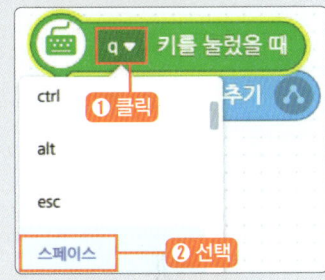

❹ '잠자리' 오브젝트를 선택하고 시작 - q키를 눌렀을 때 , 흐름 - 모든 코드 멈추기 를 [블록 조립소]로 드래그하여 다음과 같이 연결합니다. 이어서, 'q키를 눌렀을 때'의 목록 단추를 클릭하여 '스페이스'를 선택합니다.

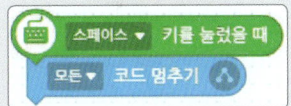

02 앞서 배운 내용을 바탕으로 뛰어노는 아이를 코딩해 봅니다.

❶ '뛰어노는 아이' 오브젝트를 선택하고 시작 - 시작하기 버튼을 클릭했을 때 , 생김새 - 안녕! 을(를) 4 초 동안 말하기 를 [블록 조립소]로 드래그하여 다음과 같이 연결합니다.

❷ 말하기 블록의 '안녕!'을 삭제하고 '어~ 잠자리다!'로 입력한 후, 다음과 같이 '1초'로 변경합니다.

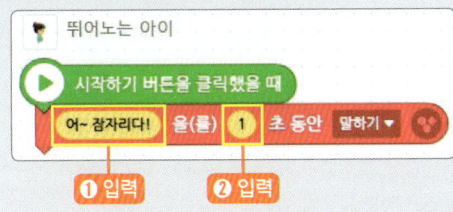

❸ 흐름 - 계속 반복하기 , 2 초 기다리기 , 움직임 - 이동 방향으로 10 만큼 움직이기 , 화면 끝에 닿으면 튕기기 , 생김새 - 다음 ▼ 모양으로 바꾸기 를 [블록 조립소]로 드래그하여 다음과 같이 끼워 넣기 합니다. 이어서, '2'초 기다리기를 '0.1'초 기다리기로 변경합니다.

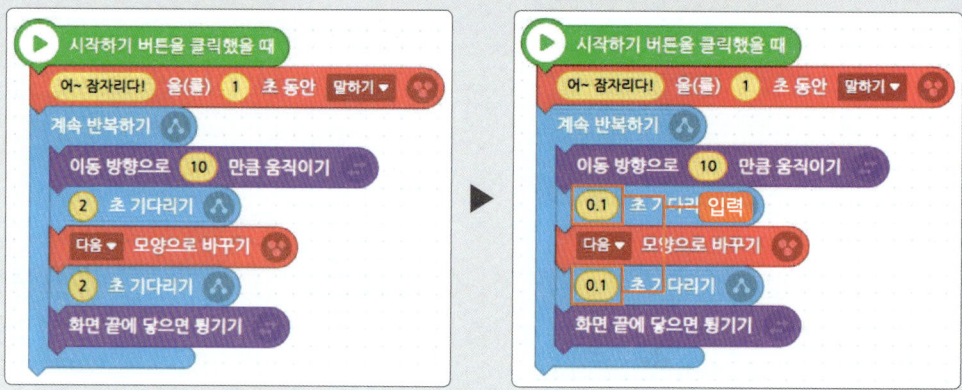

CHAPTER 08 문제해결능력 스스로 해결하기

■ 불러올 파일 : 아기용을 구해주세요.ent   ■ 완성된 파일 : 아기용을 구해주세요(완성).ent

01 내 맘대로 상상하고 해결하기

미리보기 : 아기용을 구해주세요(완성).mp4

불러올 파일을 불러와 다음의 조건에 맞게 코딩을 완성하세요.

	[화산폭발 장면]
불사조	① 시작하기 버튼을 클릭했을 때 '화산이 폭발한다!'를 2초 동안 말하기 합니다. ② 이어서, 이동 방향으로 5만큼 움직이기를 20번 반복하고 다음 장면을 시작합니다.

	[용암 장면]
아기용	장면이 시작되었을 때 '엄마~'를 1초 동안 말하고 '저 여기 있어요'를 2초 동안 말하기 합니다.
엄마용	① 장면이 시작되었을 때 마우스 포인터 위치로 이동하면서 다음 모양 바꾸기를 0.1초마다 계속 반복하기 합니다. ② 스페이스 키를 눌렀을 때 모든 코드 멈추기를 합니다.

CHAPTER 08 잠자리 059

CHAPTER 09 수업준비하기! 코딩의 뇌를 깨우는 5분 스트레칭!

※ 코딩 교육 의무화 대비! 정답은 없어요! 창의력을 위해 자유롭게 적어봅니다.

컴퓨터 사고력은 순서도로 부터!

김밥 만들기 순서를 확인하고 빈칸에 맞게 스티커를 붙여보세요.

- 밥, 김, 재료를 준비해요.
- 김을 김말이 위에 놓아요.
- 김 위에 밥을 얇게 김 전체에 펼쳐 발라요.
- 가장자리에 재료를 올려요.
- 재료를 포함하여 김을 말아줘요.
- 먹기 좋은 크기로 잘라줘요.

코딩의 뇌를 깨우는 나만의 알고리듬!

나는 이렇게 해요! 나만의 김밥 레시피 순서를 적어볼까요?

시작

⬇

김밥 재료는 부모님께 부탁해요.

⬇

(   )에 밥을 올려요.

⬇

밥 위에 재료를 올립니다.
난, (   )는 빼요!

⬇

김을 말아줘요.

⬇

예쁜 (   ) 위에 김밥을 담아요.

⬇

김밥을 칼로 자르는 것보다
들고 그냥 먹어요.

⬇

끝

문제해결능력을 위한 눈코딩!

- 준비물 : 연필

번호 1번을 연필로 색칠해 보세요. 과연 어떤 그림이 완성될까요?

❶

0	0	0	0	0	0	1	0	0	0	0	0	0
0	0	0	0	1	1	1	1	1	0	0	0	0
0	0	0	1	1	1	1	1	1	1	0	0	0
0	0	1	1	1	1	1	1	1	1	1	0	0
0	1	1	1	1	1	1	1	1	1	1	1	0
1	1	1	1	1	1	1	1	1	1	1	1	1
1	1	1	1	1	1	1	1	1	1	1	1	1
1	1	1	1	1	1	1	1	1	1	1	1	1
0	0	0	0	0	0	1	0	0	0	0	0	0
0	0	0	0	0	0	1	0	1	0	0	0	0
0	0	0	0	0	0	1	0	1	0	0	0	0
0	0	0	0	0	1	1	1	0	0	0	0	0

▶ 정답 : (   )

❷

0	0	0	0	0	0	1	1	0	1	1	0	0	0	0	0
1	1	1	1	0	0	1	1	1	1	0	0	1	1	1	1
1	0	0	0	1	0	0	0	1	0	0	0	1	0	0	1
1	0	0	0	0	1	0	1	1	1	0	1	0	0	0	1
0	1	1	1	1	1	1	1	1	1	1	1	1	1	1	0
0	0	0	0	0	0	0	1	1	1	0	0	0	0	0	0
1	1	1	1	1	1	1	1	1	1	1	1	1	1	1	1
1	0	0	0	0	1	1	1	1	1	1	0	0	0	0	1
1	0	0	0	1	0	0	1	1	0	0	1	0	0	0	1
1	1	1	1	0	0	0	1	1	0	0	0	1	1	1	1
0	0	0	0	0	0	1	1	1	0	0	0	0	0	0	0
0	0	0	0	0	0	1	0	1	0	0	0	0	0	0	0
0	0	0	0	0	0	1	0	1	0	0	0	0	0	0	0
0	0	0	0	0	0	1	0	1	0	0	0	0	0	0	0
0	0	0	0	0	0	1	0	1	0	0	0	0	0	0	0
0	0	0	0	0	0	1	0	1	0	0	0	0	0	0	0
0	0	0	0	0	0	1	0	1	0	0	0	0	0	0	0

▶ 정답 : (   )

CHAPTER 09 아기돼지의 바깥놀이

▲ 미리보기
아기돼지의 바깥놀이(완성).mp4

이런걸 배워요! ● Y좌표를 활용하여 점프하는 아기돼지를 만들어 봅니다. 모양 탭의 그리기를 활용하여 아기돼지를 색칠해 봅니다.

📘 **불러올 파일** : 아기돼지의 바깥놀이.ent   📗 **완성된 파일** : 아기돼지의 바깥놀이(완성).ent

01 불러올 파일을 불러와 아기돼지가 10번 점프할 수 있도록 코딩해 봅니다.

① '아기돼지의 바깥놀이.ent' 파일을 불러옵니다. 이어서, [장면1]의 '아기돼지' 오브젝트를 선택하고 [시작] - [오브젝트를 클릭했을 때], [흐름] - [10 번 반복하기] 를 [블록 조립소]로 드래그하여 다음과 같이 연결합니다.

② [움직임] - [y 좌표를 10 만큼 바꾸기], [흐름] - [2 초 기다리기] 를 [블록 조립소]로 드래그한 후, 다음과 같이 숫자 값을 변경합니다. 이어서, 마우스 오른쪽 단추를 클릭한 다음 [바로가기] 메뉴가 나오면 [코드 복사 & 붙여넣기]를 클릭합니다.

③ 붙여넣기 된 블록의 숫자 값을 다음과 같이 변경한 후, 10번 반복하기 블록 안에 끼워 넣습니다.

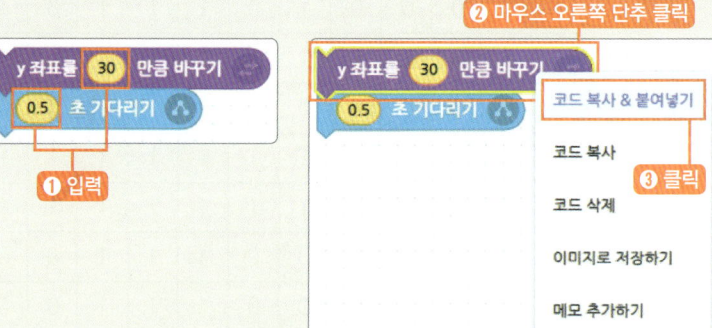

❹ 〚시작〛-〚다음▼ 장면 시작하기〛를 클릭한 후, 드래그하여 10번 반복하기 블록 아래에 연결합니다.

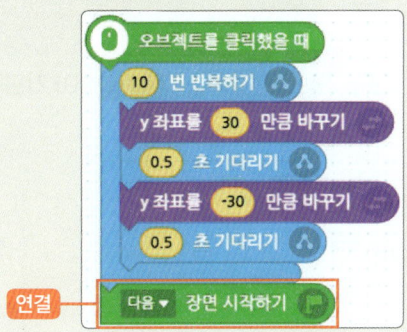

TIP

Y좌표를 이용하면 아기돼지가 점프 할 수 있어요.

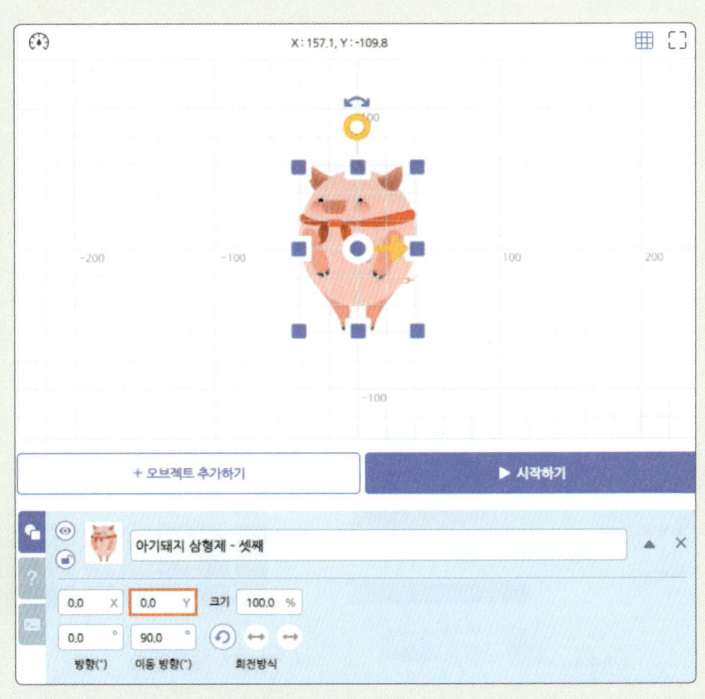

아기돼지의 오브젝트를 삽입했을 때는 무대 중앙에 위치하게 됩니다.

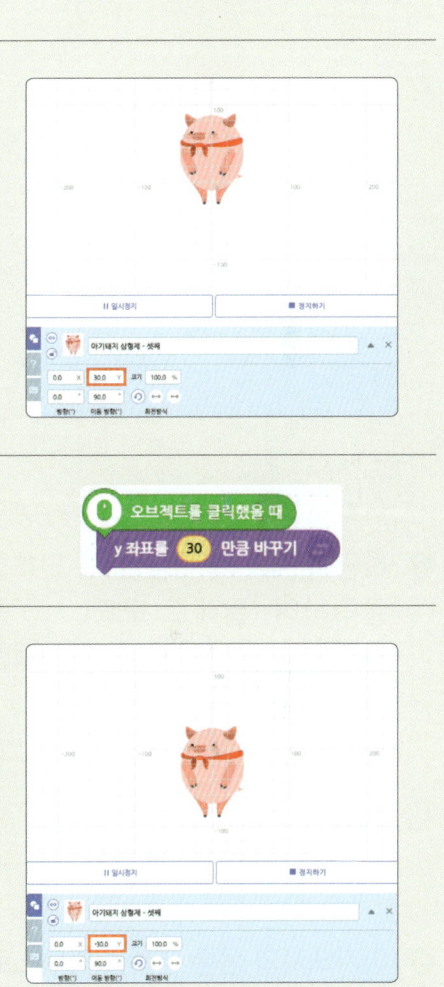

CHAPTER 09 아기돼지의 바깥놀이

02 [장면2]의 아기돼지 오브젝트에 색 채우기 도구를 활용하여 색을 넣어 코딩해 봅니다.

❶ [장면2]를 클릭한 후, 아기돼지를 클릭합니다. 이어서, [모양] 탭을 클릭한 다음 '색 채우기'를 클릭합니다.

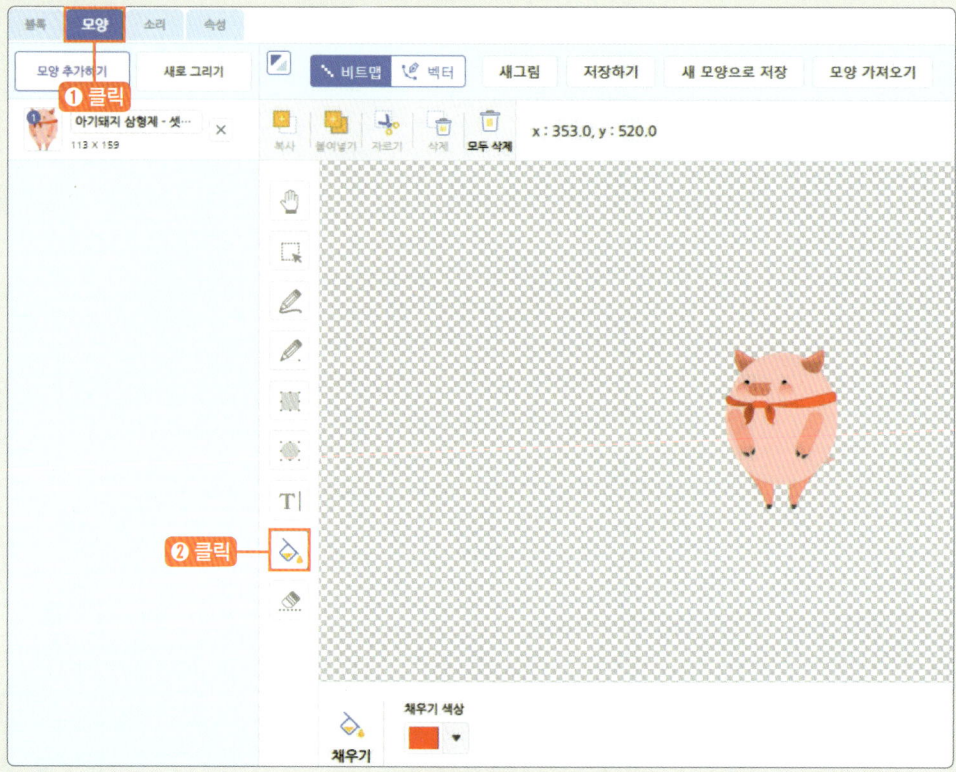

❷ 하단의 '채우기 색상' 목록 단추를 클릭하여 '팔레트 모드( )'를 클릭합니다. 이어서, 색을 선택합니다.

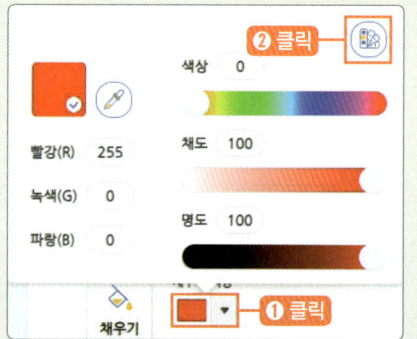

❸ 아기돼지의 몸통 부분을 마우스로 클릭하여 색을 채웁니다.

❹ 다시 한번 '채우기 색상' 목록 단추를 클릭하여 색을 선택합니다. 이어서, 아기돼지의 얼굴을 마우스로 클릭하여 색을 채웁니다.

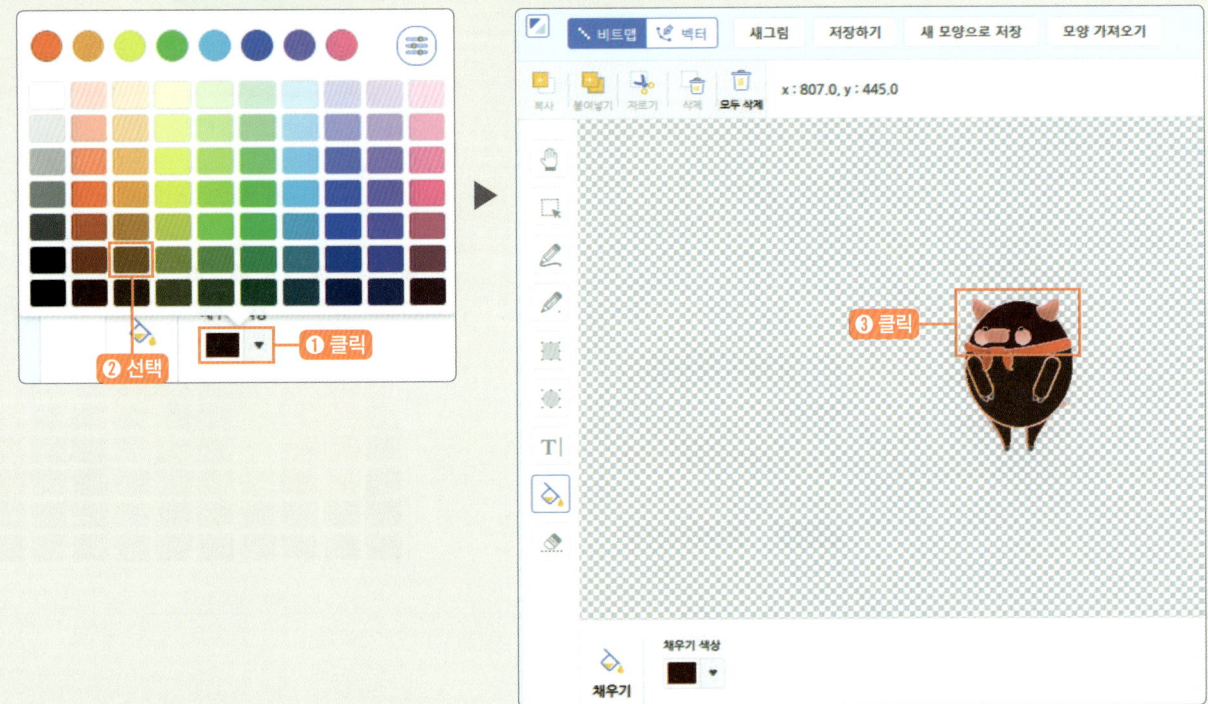

❺ 위쪽 메뉴의 [저장하기] 아이콘을 클릭하여 색 채우기 된 아기돼지를 장면에서 확인 합니다.

❻ 아기돼지와 아빠돼지를 다음과 같이 코딩합니다.

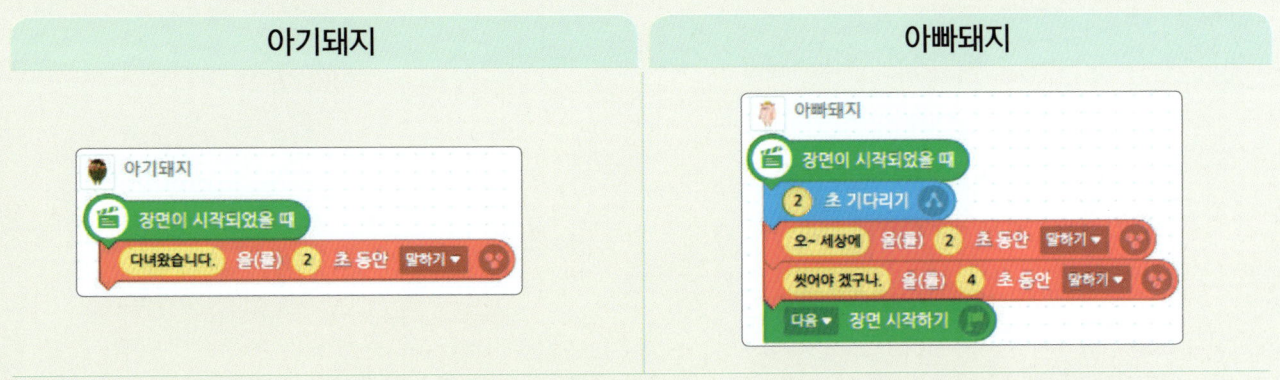

❼ [장면3]을 클릭합니다. 이어서, '아기돼지'를 클릭한 후, 다음과 같이 코딩합니다.

CHAPTER 09 문제해결능력 스스로 해결하기

■ 불러올 파일 : 아기돼지의 바깥놀이2.ent   ■ 완성된 파일 : 아기돼지의 바깥놀이2(완성).ent

01 내 맘대로 상상하고 해결하기

미리보기 : 아기돼지의 바깥놀이2(완성).mp4

불러올 파일을 불러와 다음의 조건에 맞게 코딩을 완성해 봅니다.

① '아기돼지의 바깥놀이2'에서 [장면4]를 추가해 봅니다.
② '요리사(4)' 오브젝트, '아기돼지 삼형제 – 셋째' 오브젝트, '부엌' 오브젝트를 삽입하여 배치해 봅니다.
③ 오브젝트의 이름을 다음과 같이 변경해 봅니다.

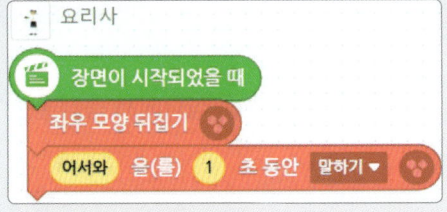

④ [장면4]의 '요리사'와 '아기돼지' 오브젝트를 다음과 같이 코딩해 봅니다.

⑤ [장면3]에서 [장면4]로 이동할 수 있도록 '다음 장면 시작하기' 블록을 넣어 봅니다.

CHAPTER 10 수업준비하기! 코딩의 뇌를 깨우는 5분 스트레칭!

※ 코딩 교육 의무화 대비! 정답은 없어요! 창의력을 위해 자유롭게 적어봅니다.

컴퓨터 사고력은 순서도로 부터!

집에 혼자 있을 때 누군가 벨을 누르면 어떻게 대처하는지 순서를 확인하고 빈칸에 맞게 **스티커를 붙여보세요.**

택배나 모르는 사람이 벨을 누르면 소리를 내지 말고 기다려요.

시간이 지나 문밖에 아무도 없다고 생각되면 부모님께 전화를 걸어 확인해요.

문을 열어 다시 한번 확인해요.

만약 택배인 경우 택배 물건을 집 안으로 가져와요.

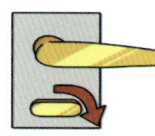
문을 완전히 잠가요.

코딩의 뇌를 깨우는 나만의 알고리즘!

나는 이렇게 해요! 혼자 집에 있을 때 음식을 시키면 어떻게 해야 할까요?

| 시작 |

| 배달 앱으로 음식을 시켜요. |

| 벨을 누르면 아파트 1층 (   )을 열어줘요. |

| 집 현관에서 벨을 누르면 (   )라고 말씀을 드려요. |

| 기다렸다가 음식을 집 안으로 가져와요. |

| 식탁에서 음식을 맛있게 먹어요. |

| 모두 먹었으면 종류별로 (   )를 하고 정리해요. |

| 끝 |

*문제해결능력*을 위한 *언코딩!* — 준비물 : 연필

방향 키를 따라가면 글자들이 있어요. ○ 표시를 하면서 숨어 있는 글자를 찾아주세요.

무슨 글자일까요?
방향키를 따라가면 글자들이 있어요. ○ 표시를 하면서 숨어 있는 글자를 찾아주세요.

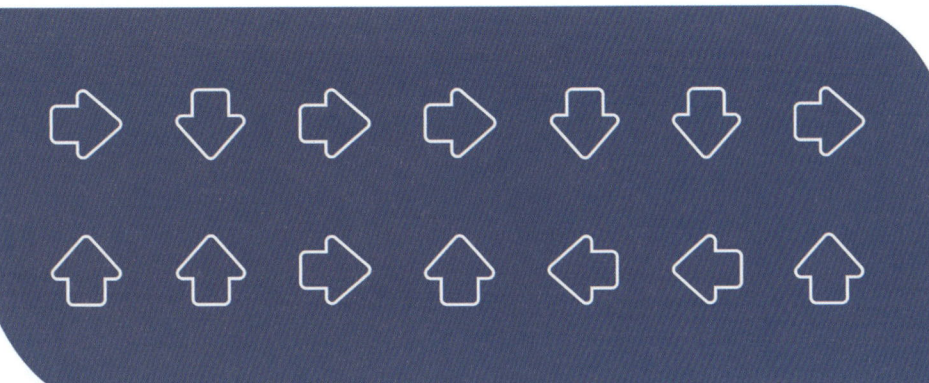

내가 찾은 글자는? (   )

오	늘	해	봐	요
나	은	부	공	게
와	함	께	미	있
것	배	엔	재	니
어	을	트	리	될

CHAPTER 10 주사위 **069**

CHAPTER 10 주사위

▲ 미리보기
주사위(완성).mp4

● 무작위수와 신호 주고 받기를 활용하여 컴퓨터 주사위와 내 주사위를 만들어 봅니다.

■ 불러올 파일 : 주사위.ent   ■ 완성된 파일 : 주사위(완성).ent

01 불러올 파일을 불러와 컴퓨터 주사위를 만들어 코딩해 봅니다.

❶ '컴퓨터 주사위' 오브젝트를 클릭합니다. 이어서, [시작하기 버튼을 클릭했을 때], [2 초 기다리기], [10 번 반복하기]를 [블록 조립소]로 드래그하여 다음과 같이 연결한 후 숫자 값을 변경합니다.

입력: 1 초 기다리기, 6 번 반복하기, 0.5 초 기다리기

❷ [다음 모양으로 바꾸기], [주사위_1 모양으로 바꾸기]를 [블록 조립소]로 드래그하여 다음과 같이 연결합니다.

연결

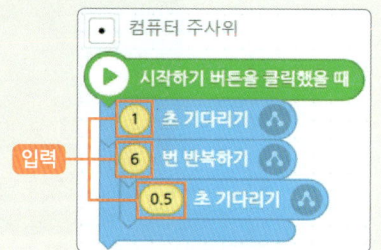

❸ [0 부터 10 사이의 무작위 수]를 [블록 조립소]로 드래그하여 '주사위_1 모양으로 바꾸기' 안에 아래와 같이 끼워 넣기 한 후, 다음과 같이 숫자 값을 변경합니다.

❶ 드래그   ❷ 입력 (1 부터 6 사이의 무작위 수)

TIP

[다음 모양으로 바꾸기] : 다른 블록을 끼워 넣기 할 수 없어요.   [주사위_1 모양으로 바꾸기] : 다른 블록을 끼워 넣기 할 수 있어요.

④ [속성] 탭을 클릭합니다. 이어서 신호 를 클릭한 후, <신호 추가하기> 단추를 클릭합니다.

⑤ 입력 상자가 활성화 되면 '내 주사위'라고 입력한 후, <확인> 단추를 클릭합니다.

⑥ 시작 - 내 주사위 신호 보내기 를 [블록 조립소]로 드래그하여 다음과 같이 블록을 완성합니다.

02 신호 받기를 통해 내 주사위를 만들어 코딩해 봅니다.

① '컴퓨터 주사위' 오브젝트의 '시작하기 버튼을 클릭했을 때'를 마우스 오른쪽 단추로 클릭합니다. 이어서, 바로 가기 메뉴가 나오면 <코드 복사>를 선택합니다.

❷ '내 주사위' 오브젝트를 클릭합니다. 이어서, [블록 조립소]에서 마우스 오른쪽 단추를 클릭한 후, 바로 가기 메뉴가 나오면 [붙여넣기]를 선택합니다.

❸ '붙여넣기'한 블록의 '1초 기다리기' 블록을 아래쪽으로 드래그합니다. 이어서, '시작하기 버튼을 클릭했을 때' 블록을 휴지통으로 드래그하여 삭제합니다.

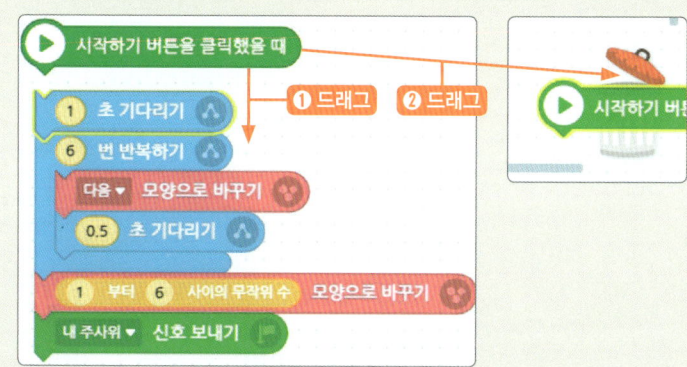

❹ 　를 [블록 조립소]로 드래그하여 다음과 같이 블록을 완성합니다.

❺ '내 주사위 신호 보내기'를 휴지통으로 드래그하여 삭제합니다. 이어서, 　를 [블록 조립소]로 드래그하여 다음과 같이 연결합니다.

CHAPTER 10 문제해결능력 스스로 해결하기

01 컴퓨팅 사고력 키우기

앞에서 작업한 주사위를 활용하여 컴퓨터 눈사람과 내 눈사람을 완성해 봅니다.

눈사람 만들기

	눈	코	입	목도리	장갑	모자
1	 👀	 코	 〜	 목도리	 장갑	 모자
2	 눈썹	 코	입	 넥타이	 장갑	 모자
3	 👀	 코	 😊	 나비	 장갑	 왕관
4	 눈	 잎	점점	 물고기	 장갑	 고깔
5	 • •	 당근	 ―	구름	 잎	 요리사모자
6	 👀	 마늘	 ⌣	 타원	 잎	 중절모

CHAPTER 11 수업준비하기! 코딩의 뇌를 깨우는 5분 스트레칭!

※ 코딩 교육 의무화 대비! 정답은 없어요! 창의력을 위해 자유롭게 적어봅니다.

컴퓨터 사고력은 순서도로 부터!

엘리베이터 사용 순서를 확인하고 빈칸에 맞게 스티커를 붙여보세요.

코딩의 뇌를 깨우는 나만의 알고리즘!

문제해결능력! 층수를 잘못 눌러서 내렸을 때 어떤 행동을 해야 할지 순서도를 완성해 보세요.

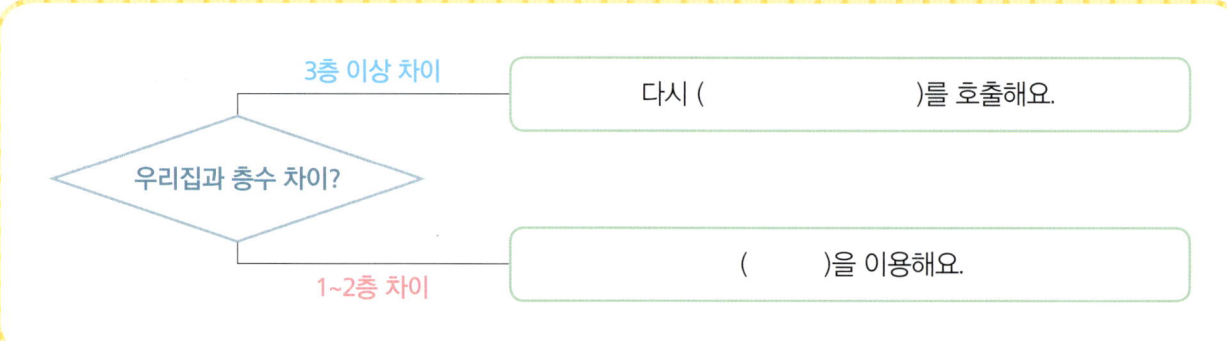

문제해결능력을 위한 언코딩!

– 준비물 : 연필

도형 친구들이 살고 있는 곳을 찾아 아래의 좌표에 그려주세요.

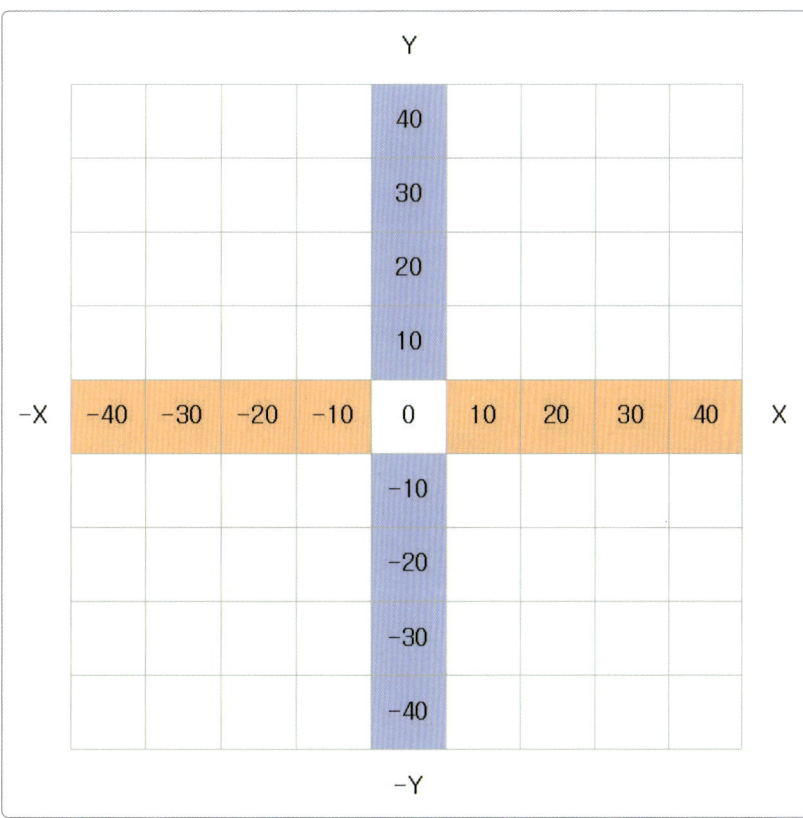

① 나는 '○'동그라미야. 나는 X:30, Y:20에 살아.

② 나는 '△'세모야. 나는 X:10, Y:-20에 살아.

③ 나는 '□'네모야. 나는 X:-10, Y:-20에 살아.

④ 나는 '♡'하트야. 나는 X:-40, Y:-30에 살아.

⑤ 나는 '☆'별이야. 나는 X:40, Y:40에 살아.

⑥ 나는 '☼'해야. 나는 X:-20, Y:20에 살아.

CHAPTER 11 원주민 구조

▲ 미리보기
원주민 구조(완성).mp4

이런 걸 배워요! ● 오브젝트를 클릭했을 때 원주민 오브젝트가 여객선 위치로 이동하면서 크기가 작아지도록 코딩해 봅니다.

■ 불러올 파일 : 원주민 구조.ent   ■ 완성된 파일 : 원주민 구조(완성).ent

01 불러올 파일을 불러와 '원주민(1)' 오브젝트를 클릭했을 때 여객선으로 이동시켜 봅니다.

❶ '원주민(1)' 오브젝트를 클릭합니다. 이어서, 다음과 같이 코딩합니다.

❷ '원주민(1)' 오브젝트를 클릭합니다. 이어서, [시작]-[오브젝트를 클릭했을 때], [움직임]-[2초 동안 x: 10 y: 10 위치로 이동하기], [생김새]-[크기를 100 (으)로 정하기]를 [블록 조립소]로 드래그하여 다음과 같이 연결합니다.

❸ 다음과 같이 숫자 값을 변경합니다.

- 2 초 동안 x: -172 y: -25 위치로 이동하기
- 크기를 50 (으)로 정하기

입력

076 엔트리로 배우는 코딩 첫걸음

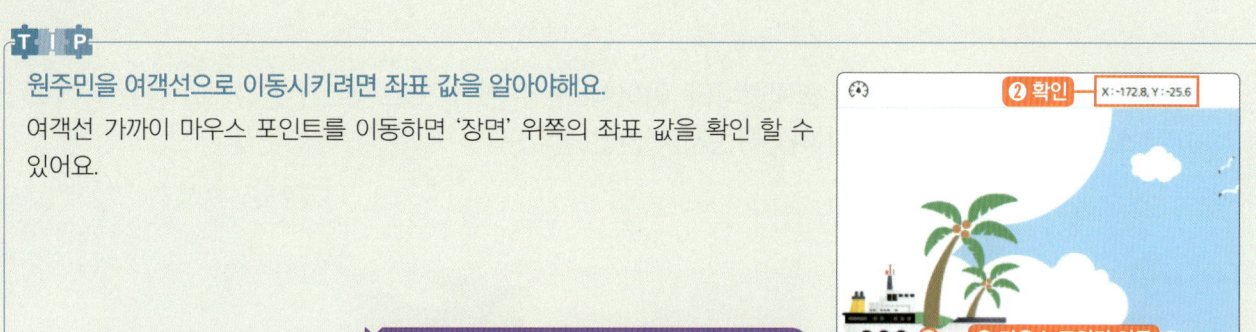

TIP
원주민을 여객선으로 이동시키려면 좌표 값을 알아야해요.
여객선 가까이 마우스 포인트를 이동하면 '장면' 위쪽의 좌표 값을 확인 할 수 있어요.

02 '원주민(2)' 오브젝트를 클릭했을 때 여객선으로 이동시켜 봅니다.

❶ '원주민(1)' 오브젝트에서 '오브젝트를 클릭했을 때' 블록을 마우스 오른쪽 단추로 클릭한 후, 바로 가기 메뉴가 나오면 [코드 복사]를 선택합니다.

❷ '원주민(2)' 오브젝트를 클릭합니다. 이어서, [블록 조립소]의 빈 화면에 마우스 오른쪽 단추를 클릭한 후, 바로가기 메뉴가 나오면 [붙여넣기]를 선택합니다.

❸ '붙여넣기' 한 코딩 블록의 숫자 값을 다음과 같이 변경합니다.

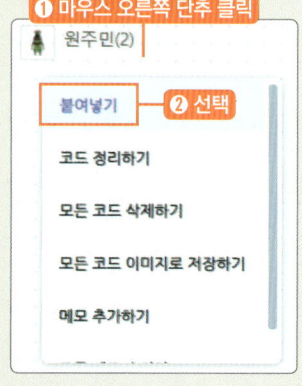

CHAPTER 11 원주민 구조 **077**

④ '장면' 창의 ▶ 시작하기 단추를 클릭합니다. 이어서, '원주민(1)' 오브젝트가 말하기와 점프 동작이 끝나면 마우스로 클릭하여 오브젝트가 이동하는지 확인합니다.

⑤ '원주민(2)' 오브젝트도 마우스로 클릭하여 오브젝트가 이동하는지 확인합니다.

CHAPTER 11 문제해결능력 스스로 해결하기

■ 불러올 파일 : 우주행성.ent ■ 완성된 파일 : 우주행성(완성).ent

01 내 맘대로 상상하고 해결하기

미리보기 : 우주행성(완성).mp4

불러올 파일을 불러와 다음의 조건에 맞게 코딩을 완성해 봅니다.

오브젝트	조건
 우주인(4)	① 시작하기 버튼을 클릭했을 때 ② '어느 행성으로 가볼까?' 3초 동안 말하기 ③ 오브젝트를 클릭했을 때 ④ '나는 금성으로 간다.' 2초 동안 말하기 ⑤ 2초 동안 x:211, y:98 위치로 이동하기
 우주인(1)	① 오브젝트를 클릭했을 때 ② '나는 달로 가겠다.' 2초 동안 말하기 ③ 2초 동안 x:-211, y:100 위치로 이동하기
 우주인(3)	① 오브젝트를 클릭했을 때 ② '나는 토성으로 가겠다.' 2초 동안 말하기 ③ 2초 동안 x:-179, y:-54 위치로 이동하기

CHAPTER 12 수업준비하기! 코딩의 뇌를 깨우는 5분 스트레칭!
※ 코딩 교육 의무화 대비! 정답은 없어요! 창의력을 위해 자유롭게 적어봅니다.

컴퓨터 사고력을 순서대로 부터!

개구리 성장 과정 순서를 확인하고 빈칸에 맞게 스티커를 붙여 보세요.

코딩의 뇌를 깨우는 나만의 알고리즘!

문제해결능력! 개구리가 주로 사는 장소를 체크해 볼까요?

- ☐ 남극
- ☐ 사막
- ☐ 논
- ☐ 습지
- ☐ 연못
- ☐ 북극
- ☐ 도시
- ☐ 지하철

※ 사막에는 개구리가 살기 힘들지만 사막비 개구리는 남아프리카 공화국, 나미비아의 나미브 사막의 바다와 접한 해안에 서식합니다.

문제해결능력을 위한 눈코딩!

– 준비물 : 연필

동물 친구들이 위치한 x, y좌표 값을 확인하여 좌표값을 적어 봅니다.

▶ x –y좌표 값을 적어주세요.

호랑이의 좌표값   x : (　　　), y : (　　　)
다람쥐의 좌표값   x : (　　　), y : (　　　)
무당벌레의 좌표값   x : (　　　), y : (　　　)
카멜레온의 좌표값   x : (　　　), y : (　　　)
여우의 좌표값   x : (　　　), y : (　　　)

CHAPTER 12 꿀단지의 주인은?

▲ 미리보기
꿀단지의 주인(완성).mp4

이런걸 배워요! • 오브젝트가 마우스를 따라 다닐 수 있도록 코딩한 후, 방향키를 누르면 크기와 모양이 바뀌면서 도장찍기 할 수 있도록 코딩해 봅니다.

📘 불러올 파일 : 꿀단지의 주인.ent   📗 완성된 파일 : 꿀단지의 주인(완성).ent

01 [모양] 탭을 활용하여 오브젝트를 추가해 봅니다.

❶ '꿀벌' 오브젝트를 클릭합니다. 이어서, [모양] 탭을 클릭한 후, [모양 추가하기] 단추를 클릭합니다.

❷ [모양 추가하기] 창이 열리면 [동물]-[하늘]-'나비(1)_1'을 선택한 후, <추가> 단추를 클릭합니다.

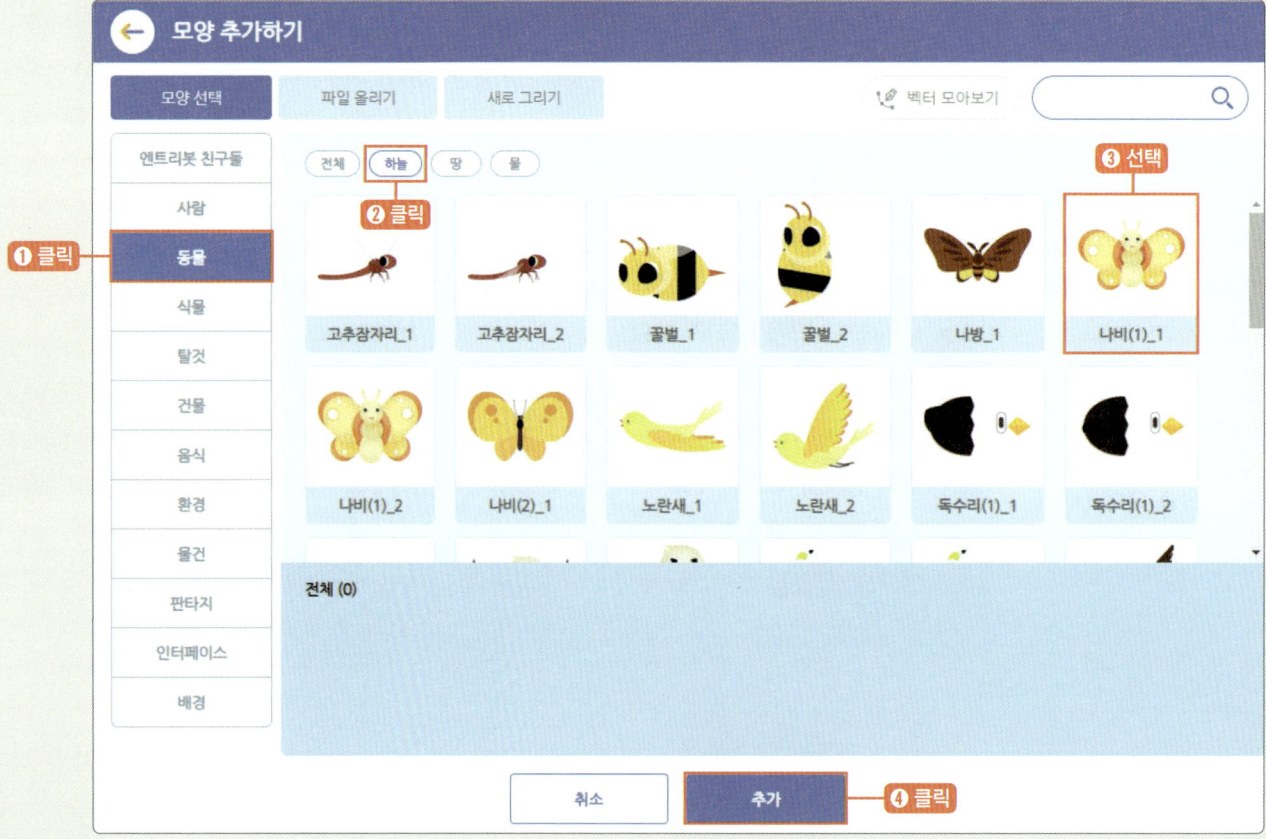

❸ '나비(1)_1' 오브젝트가 나오면 [그림 그리기] 창의 오브젝트 크기 조절점을 Shift 키를 누른 채 드래그하여 크기를 적당히 조절한 후, <저장하기> 단추를 클릭합니다.

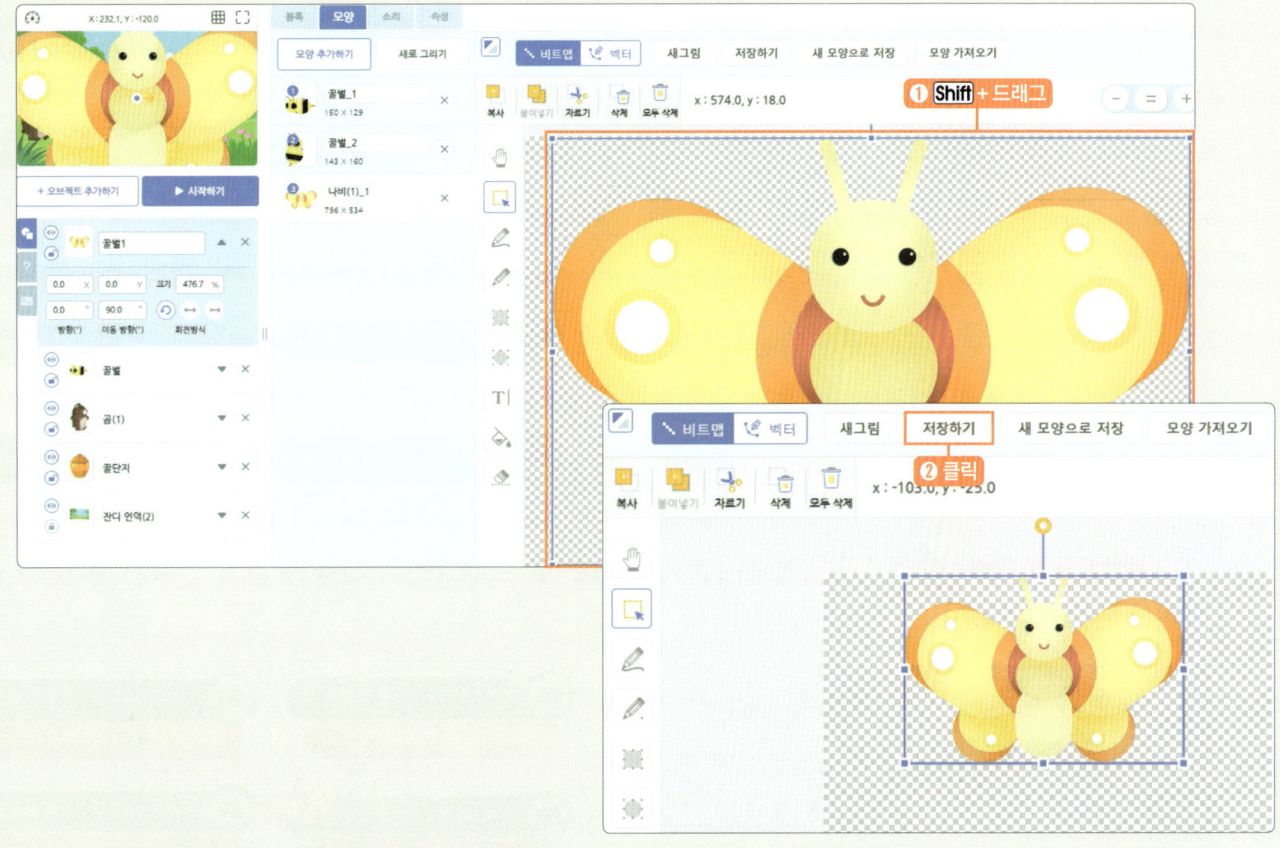

> **02** [꿀벌]의 크기, 모양, 도장찍기 코딩을 해봅니다.

❶ [모양] 탭의 '꿀벌_1'을 클릭한 후, [블록] 탭을 클릭합니다. 이어서, 아래와 같이 코딩한 다음 [움직임] - [꿀벌▼ 위치로 이동하기]를 [블록 조립소]로 드래그하여 계속 반복하기 안에 끼워 넣기한 후 목록을 변경합니다.

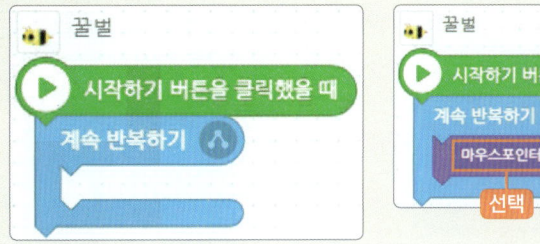

❷ [시작] - [마우스를 클릭했을 때], [붓] - [도장 찍기]를 [블록 조립소]로 드래그하여 다음과 같이 연결합니다.

❸ [시작] - [q▼ 키를 눌렀을 때]를 [블록 조립소]로 드래그하여 마우스 오른쪽 단추를 클릭합니다. 이어서, 바로 가기 메뉴가 나오면 [코드 복사 & 붙여넣기]를 클릭하여 3개를 더 복사합니다.

❹ 'q 키를 눌렀을 때'의 목록 단추를 누른 후, 키보드의 '화살표' 키를 눌러 다음과 같이 변경합니다.

❺ [생김새] - [다음▼ 모양으로 바꾸기], [크기를 10 만큼 바꾸기]를 [블록 조립소]로 드래그하여 다음과 같이 연결한 후 숫자 값과 목록을 변경합니다.

❻ <시작하기> 단추를 클릭하여 아래와 같이 오브젝트를 활용하여 꾸며 봅니다.

CHAPTER 12 문제해결능력 스스로 해결하기

■ 불러올 파일 : 황금사과나무.ent   ■ 완성된 파일 : 황금사과나무(완성).ent

01 내 맘대로 상상하고 해결하기

미리보기 : 황금사과나무(완성).mp4

불러올 파일을 불러와 다음의 조건에 맞게 코딩을 완성해 봅니다.

오브젝트	조건
황금사과	 오브젝트에 다음과 같이 [모양] 탭에서 모양을 추가합니다. ① 시작하기 버튼을 클릭했을 때 ② 마우스 포인터 위치로 이동하기를 계속 반복하기 합니다. ③ 마우스를 클릭했을 때 도장 찍기를 합니다. ④ 위쪽 화살표 키를 눌렀을 때 크기를 5만큼 바꾸고 아래쪽 화살표 키를 눌렀을 때 크기를 -5만큼 바꾸기 합니다. ⑤ 왼쪽 화살표 키를 눌렀을 때 이전 모양으로 바꾸기하고 오른쪽 화살표 키를 눌렀을 때 다음 모양으로 바꾸기 합니다.

CHAPTER 13 수업준비하기! 코딩의 뇌를 깨우는 5분 스트레칭!

※ 코딩 교육 의무화 대비! 정답은 없어요! 창의력을 위해 자유롭게 적어봅니다.

컴퓨터 사고력은 순서도로 부터!

올바른 마스크 사용하는 순서를 확인하고 빈칸에 맞게 스티커를 붙여보세요.

손을 깨끗이 씻어요.

입과 코를 완전히 가리도록 마스크를 써요.

얼굴과 마스크 사이에 틈이 없는지 확인해요.

마스크 착용 중에는 마스크를 만지지 않도록 주의해요.

만약 만졌을 경우에는 손을 깨끗이 씻어요.

만약 마스크 착용으로 이상반응이 발생할 경우 잠시 휴식을 취해요.

코딩의 뇌를 깨우는 나만의 알고리듬!

나는 이렇게 해요! 나만의 마스크 사용하는 순서를 적어볼까요?

시작
⬇
( )을 깨끗이 씻어요.
⬇
마스크 줄을 미리 당겨 놓아요.
⬇
( )를 가리도록 마스크를 써요.
⬇
마스크를 잊어버릴 수도 있으니 미리 가방에 챙겨요.
⬇
( )를 만지지 않도록 주의해요.
⬇
마스크가 답답하면 사람이 없는 곳에서 잠시 마스크를 벗고 숨을 쉬어요.
⬇
끝

문제해결능력을 위한 눈코딩!

– 준비물 : 연필

내 친구를 그려줘
아래 설명 순서에 따라 자신만의 도깨비를 그려 보세요.

타원형의 몸통

크기가 다른 눈 3개

오른쪽 눈 위에 검정색 점 1개

왼쪽 눈밑에 검정색 점 1개

아주 작은 콧구멍 2개

울퉁불퉁 커다란 입 1개

다리 3개

길이가 다른 팔 2개

머리 위 큰뿔 1개 작은뿔 1개

오른손에 뾰족뾰족한 방망이 1개

CHAPTER 13 교통수단

CHAPTER 13 교통수단

▲ 미리보기
교통수단(완성).mp4

이런걸 배워요! • 오브젝트를 클릭했을 때 각 교통수단 관련 오브젝트 소리를 재생할 수 있도록 코딩해 봅니다.

■ 불러올 파일 : 교통수단.ent   ■ 완성된 파일 : 교통수단(완성).ent

01 [소리] 탭을 활용하여 소리를 추가하고 소리 재생하기 블록을 삽입해 봅니다.

❶ '파란 비행기' 오브젝트를 클릭합니다. 이어서, [소리] 탭을 클릭한 후, <소리 추가하기> 단추를 클릭합니다.

❷ [소리 추가하기] 창이 나오면 [사물]-[이동수단]-'비행기 이륙'을 선택한 후, <추가> 단추를 클릭합니다.

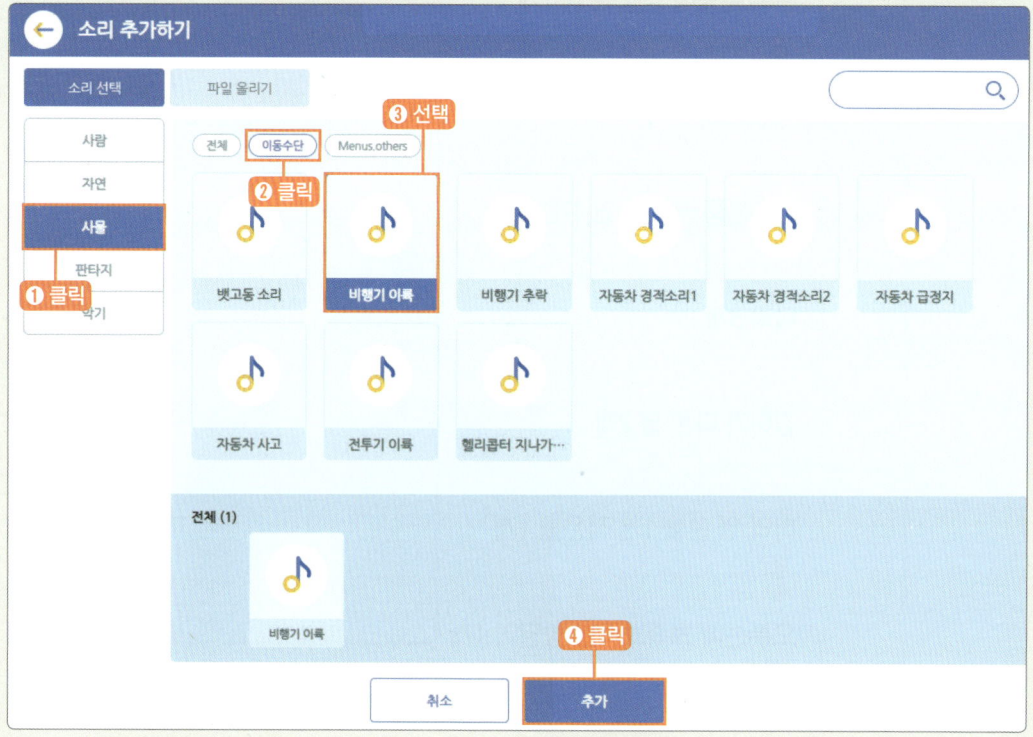

❸ ▶시작 - 오브젝트를 클릭했을 때 , 소리 - 소리 비행기 이륙▼ 재생하기 를 [블록 조립소]로 드래그하여 다음과 같이 연결합니다.

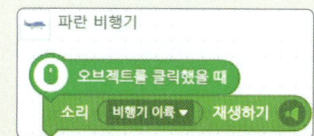

④ 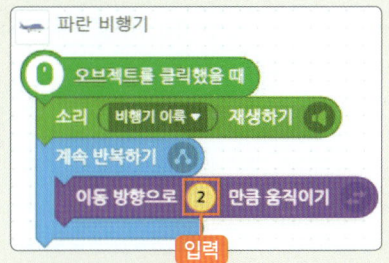 를 [블록 조립소]로 드래그하여 다음과 같이 연결한 후 숫자 값을 변경합니다.

02 [소리] 탭을 활용하여 소리를 추가하고 소리 3초 재생하기 블록을 삽입해 봅니다.

① '파란 비행기' 오브젝트를 클릭한 후, [블록] 창에서 마우스 오른쪽 단추를 클릭하여 바로 가기 메뉴가 나오면 <코드 복사>를 클릭합니다.

② '헬리콥터(1)' 오브젝트를 클릭합니다. 이어서, 마우스 오른쪽 단추를 클릭하여 바로 가기 메뉴가 나오면 <붙여넣기>를 클릭합니다.

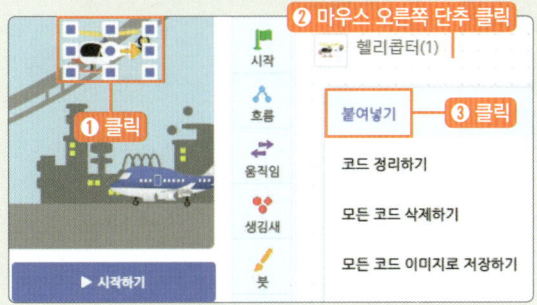 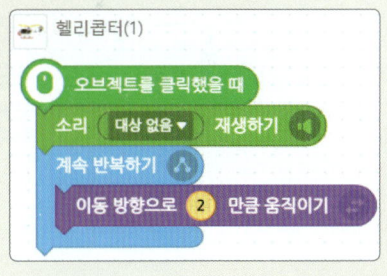

③ [소리] 탭을 클릭한 후, <소리 추가하기> 단추를 클릭합니다.

CHAPTER 13 교통수단 **089**

❹ [소리 추가하기] 창이 나오면 [사물]-[이동수단]-'헬리콥터 지나가는 소리'를 선택한 후, <추가> 단추를 클릭합니다.

❺ '소리 재생하기' 블록의 목록 단추를 클릭한 후, "헬리콥터 지나가는 소리"를 선택합니다.

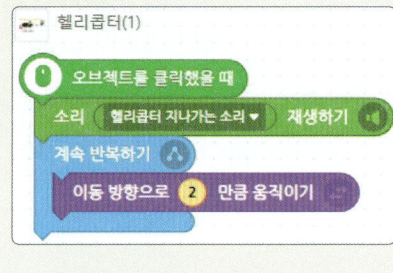

❻ '빨간 자동차' 오브젝트와 '여객선' 오브젝트도 다음과 같이 소리를 추가하고 코딩합니다.

CHAPTER 13 문제해결능력 스스로 해결하기

■ 불러올 파일 : 동물소리.ent   ■ 완성된 파일 : 동물소리(완성).ent

01 내 맘대로 상상하고 해결하기

미리보기 : 동물소리(완성).mp4

불러올 파일을 불러와 다음의 조건에 맞게 코딩을 완성해 봅니다.

오브젝트	조건
폭포	① 시작하기 버튼을 클릭했을 때 ② 소리 '바위에 부딪치는 파도' 30초 재생하기
앵무새	① 오브젝트를 클릭했을 때 ② 소리 '앵무새 울음' 소리 재생하기 ③ 다음 모양으로 바꾸기를 0.1초 마다 4번 반복하기
귀뚜라미	① 오브젝트를 클릭했을 때 ② 소리 '귀뚜라미 울음' 소리 재생하기
개구리	① 오브젝트를 클릭했을 때 ② 소리 '개구리 울음' 소리 재생하기 ③ 이동 방향으로 10만큼 움직이기를 0.1초 마다 ④ 다음 모양으로 바꾸기를 0.1초 마다 4번 반복하기

CHAPTER 14 — 수업준비하기! 코딩의 뇌를 깨우는 5분 스트레칭!

※ 코딩 교육 의무화 대비! 정답은 없어요! 창의력을 위해 자유롭게 적어봅니다.

컴퓨터 사고력은 순서도로 부터!

올바른 자세로 의자에 앉는 순서를 확인하고 빈칸에 맞게 스티커를 붙여보세요.

- 의자를 뒤로 빼요.
- 몸을 의자에 붙여요.
- 엉덩이는 의자 끝에 닿도록 깊숙이 넣어요.
- 허리는 등받이에 바짝 붙여 몸이 기울어지지 않도록 해요.
- 무릎은 90도가 되도록 바르게 세워요.
- 발바닥은 지면에 붙여요.

코딩의 뇌를 깨우는 나만의 알고리즘!

나는 이렇게 해요! 지금까지 학교에서 의자에 어떻게 앉았는지 순서를 적어볼까요?

시작
⬇
의자를 뒤로 빼요.
⬇
(   )에 앉아요.
⬇
허리를 펴고 (   )를 의자 끝에 붙여요.
⬇
어깨를 펴고 등받이에 기대요.
⬇
무릎은 (   )도가 되도록 해요.
⬇
정면을 바라보면서 수업을 준비해요.
⬇
끝

– 준비물 : 연필

아래 이미지를 참고하여 도형(▲,■,●,■)의 개수를 맞춰본 후 전체 도형의 개수를 적어 봅니다.

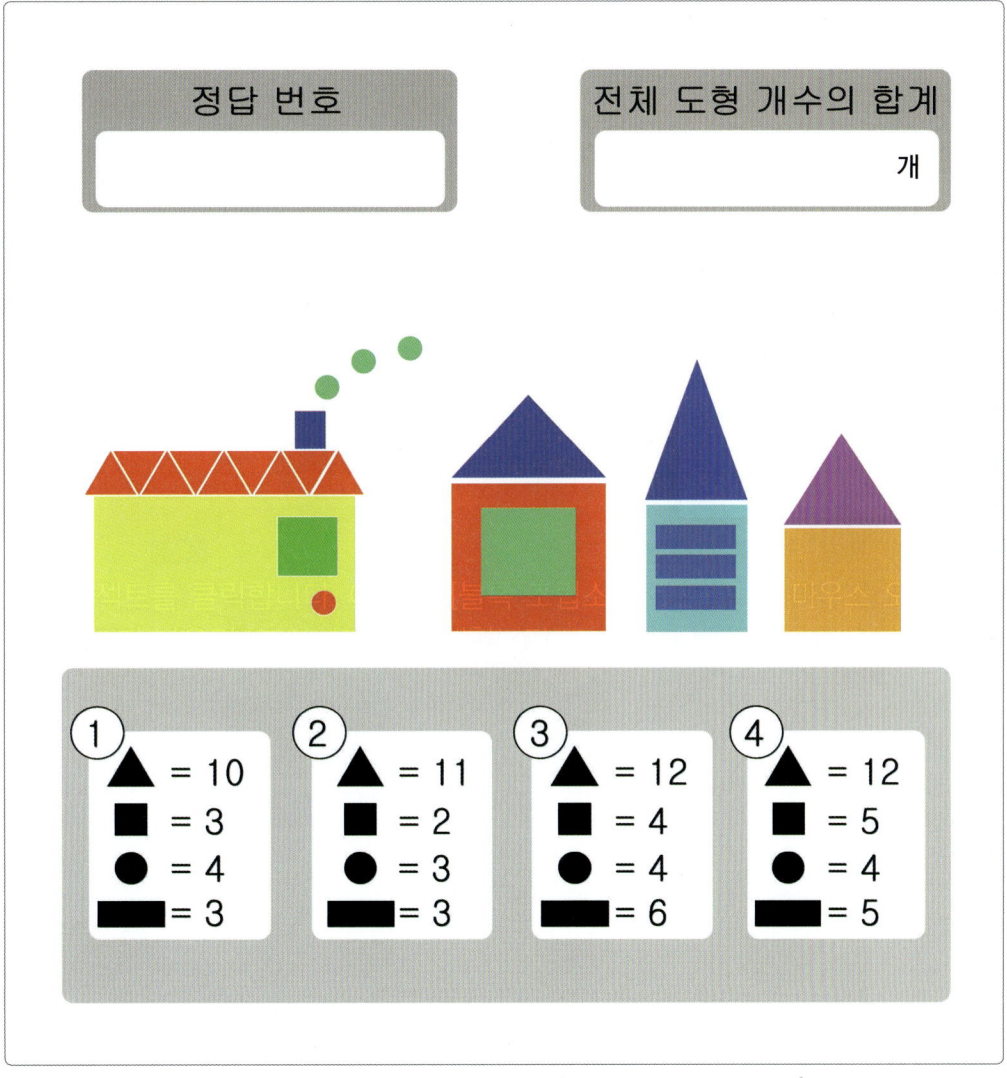

CHAPTER 14 엄마양 아기양

CHAPTER 14 엄마양 아기양

▲ 미리보기
엄마양 아기양(완성).mp4

이런걸 배워요! 연필 오브젝트로 엄마양이 지나갈 수 있는 길을 그려주고 프로필 버튼을 클릭하면 아기양에게 도착할 수 있도록 합니다.

📁 **불러올 파일** : 엄마양 아기양.ent 📁 **완성된 파일** : 엄마양 아기양(완성).ent

01 그리기 시작하기와 멈추기 블록을 삽입해 봅니다.

❶ '선' 오브젝트를 클릭합니다. 이어서, 시작 - `시작하기 버튼을 클릭했을 때`, 생김새 - `색깔▼ 효과를 10 만큼 주기` 를 [블록 조립소]로 드래그하여 다음과 같이 연결합니다.

❷ 연결된 블록의 '색깔' 목록 단추를 클릭하여 '투명도'를 클릭합니다. 이어서, 다음과 같이 숫자 값을 변경합니다.

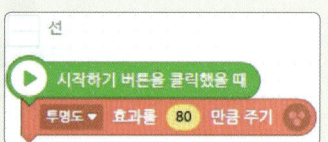

❸ '연필' 오브젝트를 클릭합니다. 이어서, '연필' 오브젝트의 중심점을 다음과 같이 왼쪽 대각선 아래로 변경합니다.

❹
를 [블록 조립소]로 드래그하여 다음과 같이 연결합니다.

❺ 붓의 색깔 목록을 클릭합니다. 이어서, '팔레트 모드'를 선택한 후 다음과 같이 색을 지정합니다.

❻ 붓의 굵기 값을 '30'으로 변경하고 목록 단추에서 '마우스포인터'를 선택합니다.

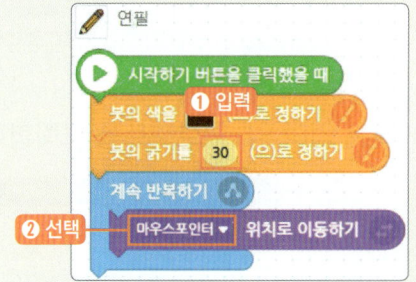

❼  를 [블록 조립소]로 드래그하여 다음과 같이 연결합니다.

02 '프로필 버튼'에 코딩을 해 봅니다.

❶ [속성] 탭에서 [신호]를 클릭한 후 <신호 추가하기> 단추를 클릭합니다. 이어서, '엄마양'이라고 입력한 후 <확인> 단추를 클릭합니다.

❷ '프로필 버튼' 오브젝트를 클릭합니다. 이어서, 시작-오브젝트를 클릭했을 때, 엄마양▼ 신호 보내기 를 [블록 조립소]로 드래그하여 다음과 같이 연결합니다.

❸ '엄마 양' 오브젝트를 클릭합니다. 이어서, 시작-엄마양▼ 신호를 받았을 때, 흐름-계속 반복하기, 움직임-2 초 동안 x: 10 y: 10 위치로 이동하기 를 [블록 조립소]로 드래그하여 다음과 같이 연결하고 값을 변경합니다.

CHAPTER 14 문제해결능력 스스로 해결하기

■ 불러올 파일 : 벌들의 춤.ent　■ 완성된 파일 : 벌들의 춤(완성).ent

01 내 맘대로 상상하고 해결하기

미리보기 : 벌들의 춤(완성).mp4

불러올 파일을 불러와 다음 조건에 맞게 코딩을 완성해 봅니다.

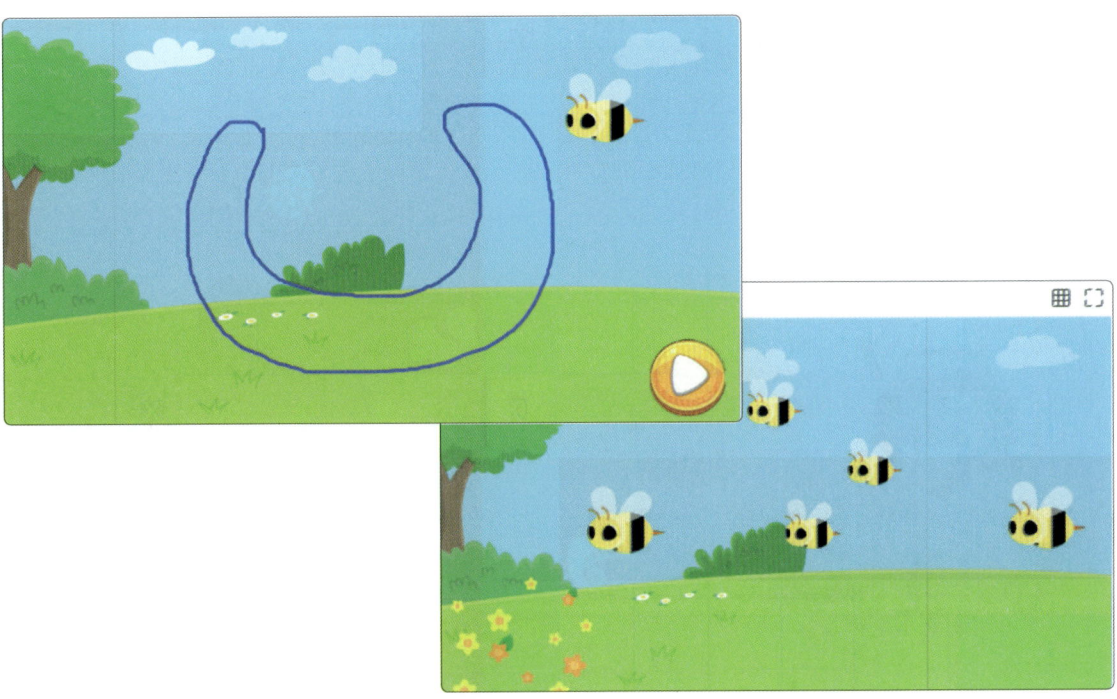

오브젝트	조건
꿀벌	① 시작하기 버튼을 클릭했을 때 ② 붓의 색을 '흰색'으로 정하기 ③ 붓의 굵기를 '10'으로 정하기 ④ 마우스포인터 위치로 이동하기를 계속 반복하기 ⑤ 마우스를 클릭했을 때 그리기 시작하기를 계속 반복하기 ⑥ 마우스를 클릭을 해제했을 때 그리기 멈추기를 계속 반복하기
꿀벌의 춤	① 시작하기 버튼을 클릭했을 때 ② 투명도 효과를 70만큼 주기
시작 버튼	① 오브젝트를 클릭했을 때 ② 다음 장면 시작하기

CHAPTER 15

수업준비하기! 코딩의 뇌를 깨우는 5분 스트레칭!

※ 코딩 교육 의무화 대비! 정답은 없어요! 창의력을 위해 자유롭게 적어봅니다.

컴퓨터 사고력은 순서대로 부터!

자동차가 다니는 길 옆 인도에서는 어떻게 걸어 다녀야 하는지 순서를 확인하고 빈칸에 맞게 스티커를 붙여보세요.

찻 길 옆 인도에서는 뛰지 말고 걸어 다녀요.

친구와 장난을 치면서 찻 길 쪽으로 넘어가지 않아요.

찻 길 쪽으로 가면 사고가 날 수 있어요.

횡단보도를 건너기 전 신호를 확인해요.

횡단보도 녹색 신호가 켜지면 좌우를 확인 후 절대 뛰지 말고 걸어가요.

코딩의 뇌를 깨우는 나만의 알고리듬!

문제해결능력! 만약 친구가 찻 길 쪽으로 넘어가려고 하거나 넘어갔다면 어떻게 해야 할까요?

	넘어가려고 할 때	넘어갔을 때
찻 길 옆 인도 →	넘어가지 않도록 (　　)하고 잡아요.	빨리 오라고 소리를 치거나 (　　)에서 점퍼나 가방 등으로 흔들어 자동차에게 위험하다고 신호를 보내요.

문제해결능력을 위한 눈코딩!

— 준비물 : 연필

'시작'을 기준으로 그림 오른쪽에 숫자로 표시된 장소(예: 등대)까지 이동하기 위한 화살표를 찾은 후 맞는 화살표에 숫자를 적어보세요.

❶
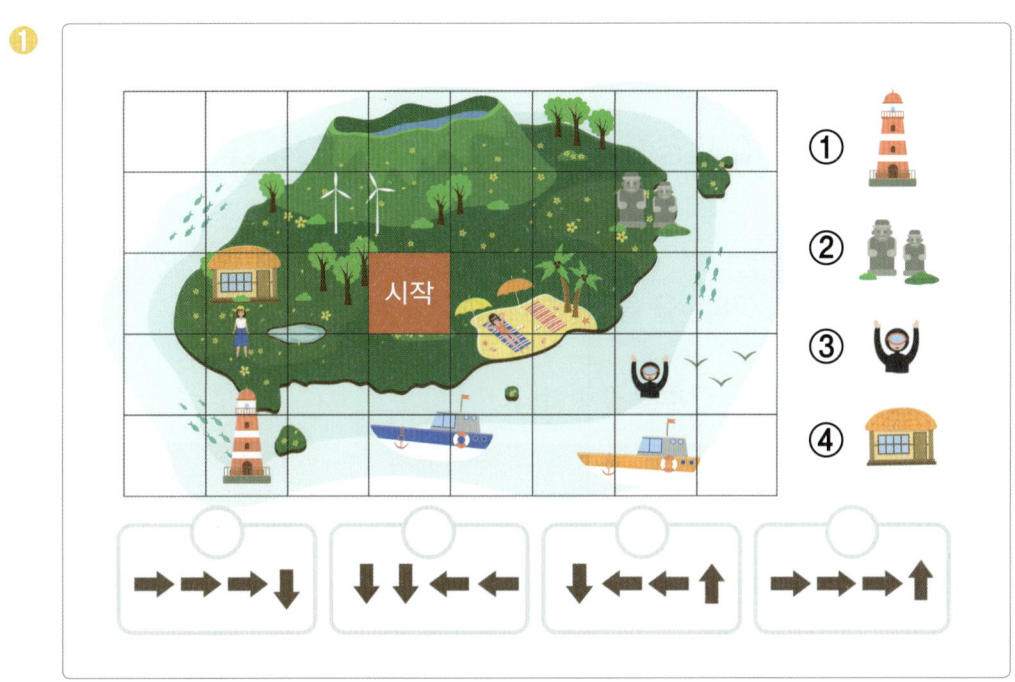

❷

CHAPTER 15 첫째 돼지집

CHAPTER 15 첫째 돼지집

▲ 미리보기
첫째 돼지집(완성).mp4

● 늑대로 인해 망가진 집을 그리기 블록과 회전하기 및 움직이기 블록을 활용하여 첫째 돼지집을 그려줍니다.

■ 불러올 파일 : 첫째 돼지집.ent   ■ 완성된 파일 : 첫째 돼지집(완성).ent

01 연필 오브젝트의 좌표값과 크기를 변경한 후 중심점의 위치를 변경해 봅시다.

❶ [장면] 창의 +오브젝트 추가하기 를 클릭합니다. 이어서, [오브젝트 추가하기] 창이 열리면 이미지 검색란에 '연필'이라고 입력한 후 🔍(돋보기) 아이콘을 클릭합니다.

❷ '연필(1)' 오브젝트를 선택한 후, <추가> 단추를 클릭합니다.

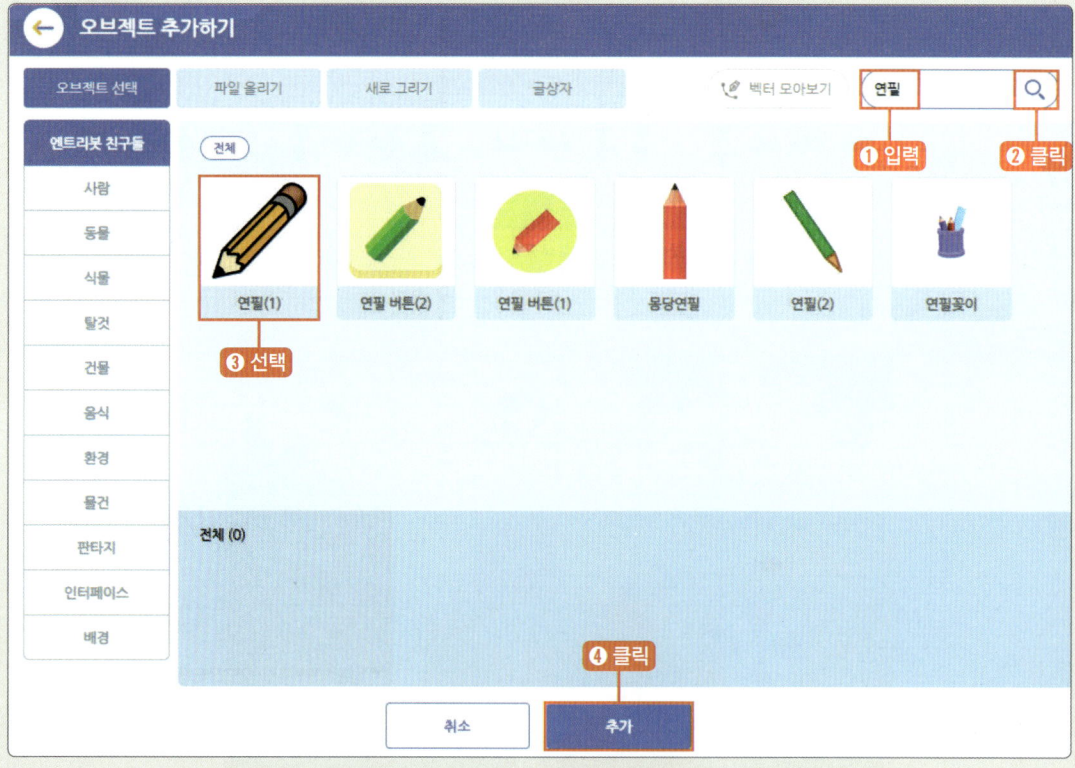

❸ '연필(1)' 오브젝트를 선택하여 중심점을 '가운데 중심'에서 '왼쪽 대각선 아래'로 이동 시킵니다.

❹ [오브젝트 목록]창에서 X좌표 값 '-140', Y 좌표 값 '23'으로 변경한 후 크기를 '50%'로 지정합니다.

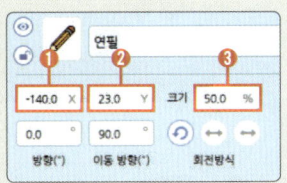

02 '연필' 오브젝트가 사각형을 그리도록 코딩해 봅니다.

❶ '연필' 오브젝트를 선택하고 [시작]-[q▼ 키를 눌렀을 때]를 [블록 조립소]로 드래그합니다. 이어서, 'q키를 눌렀을 때'의 목록 단추를 클릭하여 '4'를 선택합니다.

❷ [움직임]-[x: 0 y: 0 위치로 이동하기], [붓]-[그리기 시작하기], [붓의 색을 (으)로 정하기], [붓의 굵기를 1 (으)로 정하기]를 [블록 조립소]로 드래그한 후 다음과 같이 지정합니다.

❸ [흐름]-[10 번 반복하기], [2 초 기다리기], [움직임]-[이동 방향으로 10 만큼 움직이기], [방향을 90° 만큼 회전하기]를 [블록 조립소]로 드래그하여 다음과 같이 연결한 후 숫자 값을 변경합니다.

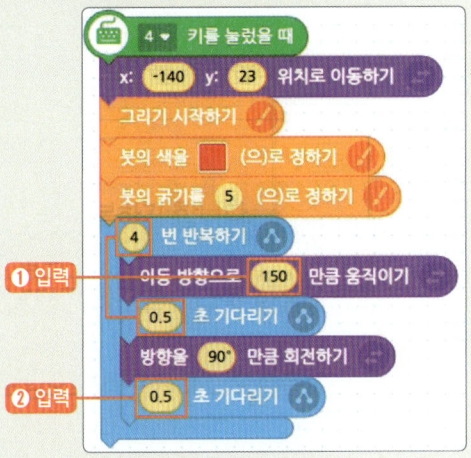

❹ 🏁 - 집▼ 신호 보내기 를 클릭한 후, [블록 조립소]로 드래그하여 다음과 같이 블록을 완성합니다.

CHAPTER 15 문제해결능력 스스로 해결하기

01 내 맘대로 상상하고 해결하기

미리보기 : 둘째 돼지집(완성).mp4

불러올 파일을 불러와 다음의 조건에 맞게 코딩을 완성해 봅니다.

- 불러올 파일 : 둘째 돼지집.ent
- 완성된 파일 : 둘째 돼지집(완성).ent

오브젝트	조건
연필(1)	① '3'키를 눌렀을 때 ② x: '86', y:'-23' 위치로 이동하기 ③ 그리기 시작하기, 붓의 색을 임의대로 지정하기, 붓의 굵기를 5로 정하기 ④ 방향을 -120 만큼 회전하고 이동 방향으로 150만큼 움직이기를 0.5초 마다 3번 반복하기 ⑤ 지붕 신호 보내기

02 컴퓨팅 사고력 키우기

도형을 완성하기 위해 필요없는 도형을 찾아 ○해 보세요.

CHAPTER 16 수업준비하기! 코딩의 뇌를 깨우는 5분 스트레칭!

※ 코딩 교육 의무화 대비! 정답은 없어요! 창의력을 위해 자유롭게 적어봅니다.

컴퓨터 사고력은 순서도로 부터!

횡단보도 건너기 순서를 확인하고 빈칸에 맞게 스티커를 붙여 보세요.

코딩의 뇌를 깨우는 나만의 알고리즘!

문제해결능력! 횡단보도에 "신호등이 있는가?"에 따라 어떤 행동을 해야 할지 순서도를 완성해 보세요.

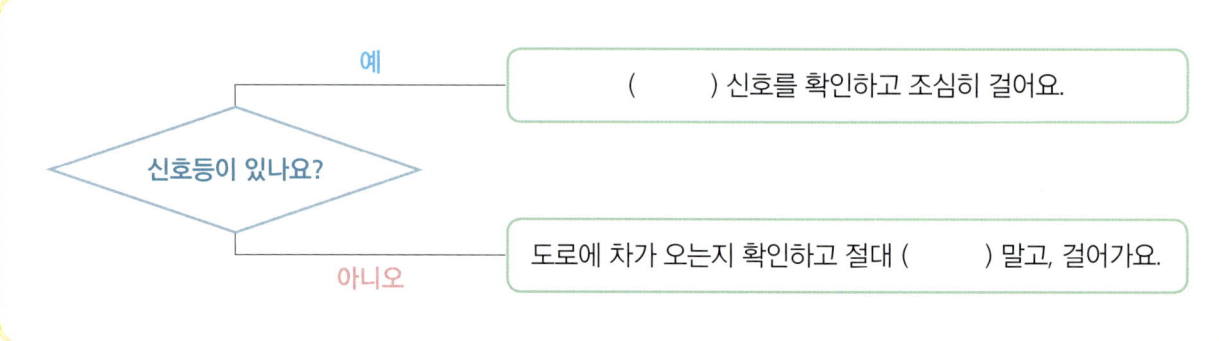

문제해결능력을 위한 눈코딩!

– 준비물 : 연필

1번 그림에 나와있는 표정을 2번에서 찾아 개수를 적어보세요.

❶
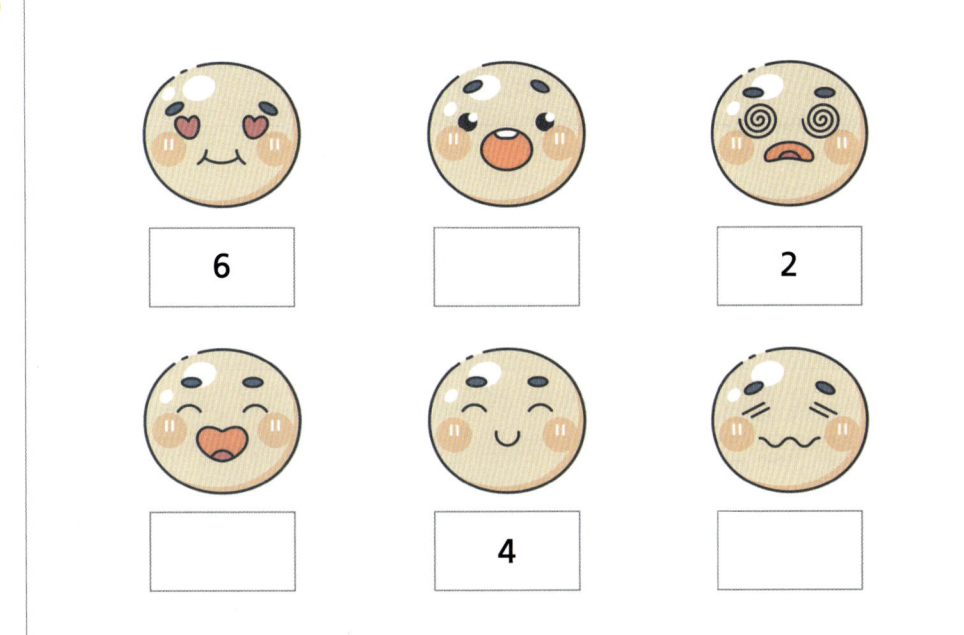

❷

CHAPTER 16 수수께끼

CHAPTER 16 수수께끼

▲ 미리보기
엔트리봇의 수수께끼(완성).mp4

이런걸 배워요!
● 엔트리봇이 수수께끼 문제를 묻고 대답 기다리기와 같다 비교 연산자의 대답 블록을 활용하여 정답을 맞춰봅니다.

■ 불러올 파일 : 없음 ■ 완성된 파일 : 엔트리봇의 수수께끼(완성).ent

01 오브젝트를 삭제하고 추가해 봅니다.

❶ 엔트리 프로그램을 실행한 후 [오브젝트 목록] 창의 '엔트리봇' 오브젝트의 (×)를 클릭하여 삭제합니다.

❷ [장면] 창의 `+ 오브젝트 추가하기` 를 클릭한 후 [오브젝트 추가하기] 창이 열리면 [배경]-[실외]-'조명이 있는 무대', [엔트리봇 친구들]-'블록왕 엔트리봇'을 선택한 후, <추가> 단추를 클릭합니다.

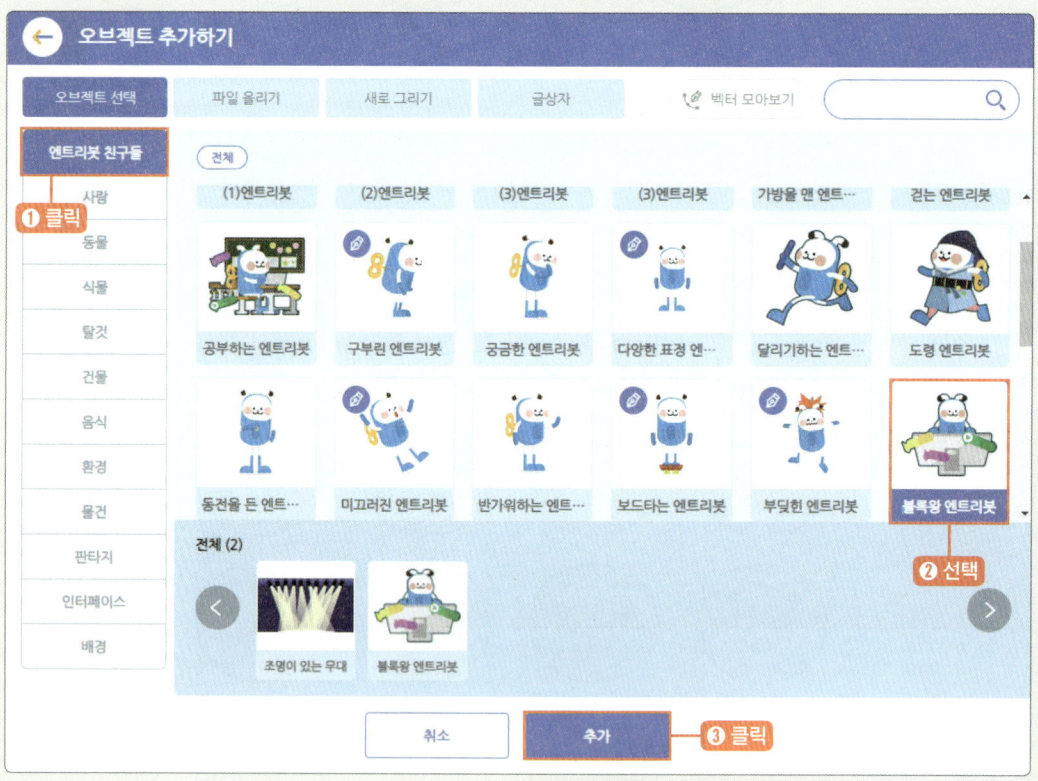

❸ '블록왕 엔트리봇' 오브젝트를 클릭합니다. 이어서, [오브젝트 목록] 창에서 X좌표 값(0), Y좌표 값(-50)으로 변경한 후, 크기(200%)로 입력합니다.

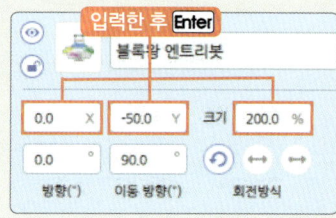

02 '블록왕 엔트리봇'이 수수께끼 문제를 낼 수 있도록 코딩해 봅니다.

❶ '블록왕 엔트리봇' 오브젝트를 선택한 상태에서 [블록 꾸러미]의 [시작] - [시작하기 버튼을 클릭했을 때], [흐름] - [2 초 기다리기], [자료] - [안녕! 을(를) 묻고 대답 기다리기] 를 [블록 조립소]로 드래그하여 다음과 같이 블록을 완성합니다.

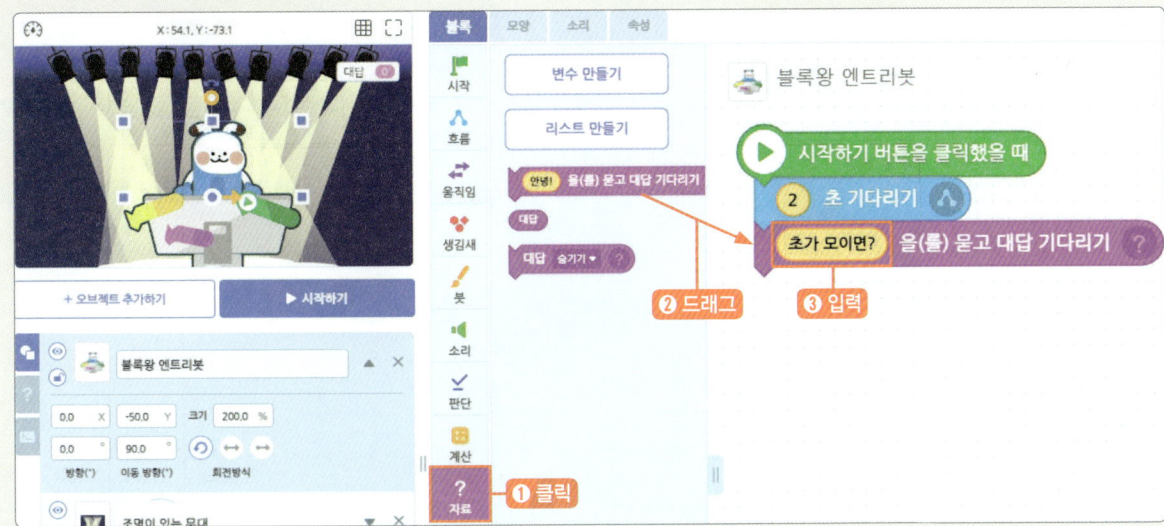

❷ [흐름] - [만일 참 (이)라면 아니면], [판단] - [10 = 10] 를 [블록 조립소]로 드래그하여 다음과 같이 연결합니다.

❸ [자료] - [대답] 을 [블록 조립소]로 드래그하여 '같다(=)' 비교연산자의 오른쪽 칸에 끼워 넣습니다. 이어서, '같다(=)' 비교연산자의 왼쪽 칸에 '분'이라고 입력합니다.

CHAPTER 16 수수께끼 **107**

❹ ![생김새] - [안녕! 을(를) 4 초 동안 말하기▼] 를 [블록 조립소]로 드래그하여 다음과 같이 연결한 후 내용을 아래와 같이 변경합니다.

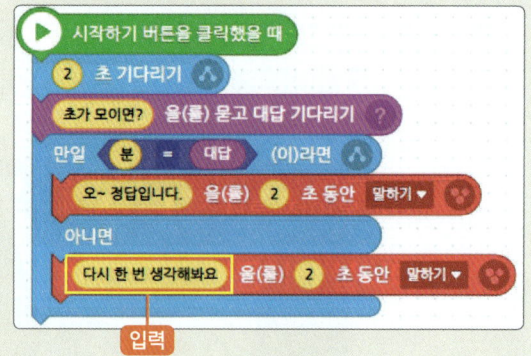

CHAPTER 16 문제해결능력 스스로 해결하기

■ 불러올 파일 : 속담 맞추기.ent   ■ 완성된 파일 : 속담 맞추기(완성).ent

01 내 맘대로 상상하고 해결하기

미리보기 : 속담 맞추기(완성).mp4

불러올 파일을 불러와 다음의 조건에 맞게 코딩을 완성해 봅니다.

오브젝트	조건
소나무	① 문제 신호를 받았을 때 ② ('다음 속담을 맞추면 속담 속 동물을 만날 수 있어.')를 4초 동안 말하기 ③ ('ㄱㅇㅇ' 목에 방울 달기) 묻고 대답 기다리기를 3번 반복하기 ④ 만일 고양이와 대답이 같다면 '정답이야'를 2초 동안 말하고 [장면 2] 시작하기 ⑤ 아니면 '다시 생각해봐'를 2초 동안 말하기

CHAPTER 17 수업준비하기! 코딩의 뇌를 깨우는 5분 스트레칭!

※ 코딩 교육 의무화 대비! 정답은 없어요! 창의력을 위해 자유롭게 적어봅니다.

컴퓨터 사고력은 순서도로 부터! 다음에 해당하는 교통 표지판의 스티커를 붙여보세요.

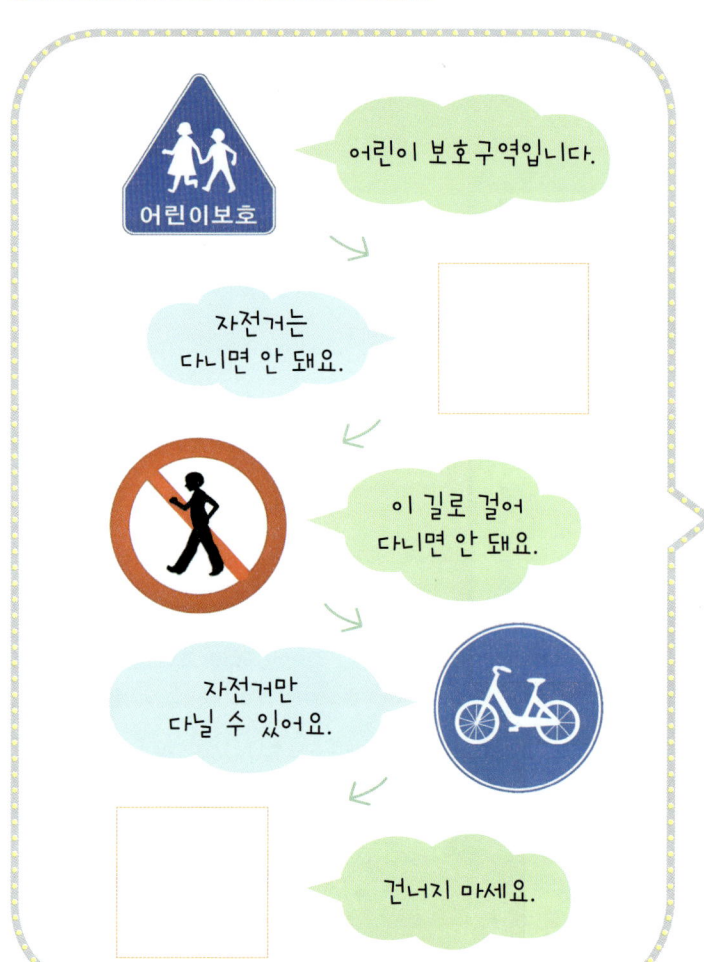

코딩의 뇌를 깨우는 나만의 알고리즘! 문제해결능력! 다음 표지판은 어떤 내용인지 적어볼까요?

위험하니
조심해야 돼요.

_____

공사중!
조심히 다녀요.

_____

문제해결능력을 위한 눈코딩!

– 준비물 : 연필

한 줄에 같은 그림이 한 번씩만 들어가야 해요. 빈칸에 들어갈 그림의 이름을 적어봅니다.

❶

❷

CHAPTER 17 토끼와 거북이

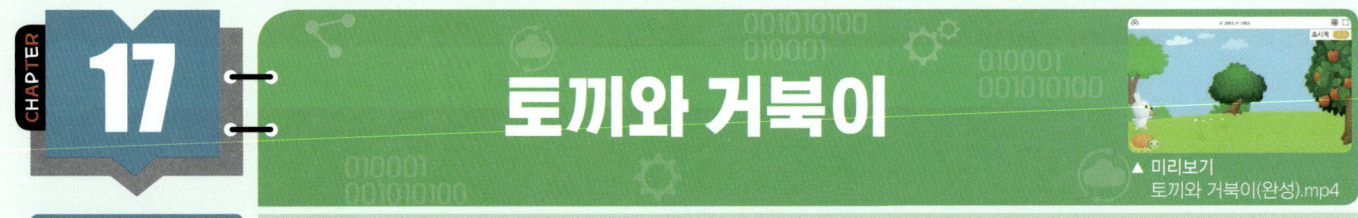

▲ 미리보기
토끼와 거북이(완성).mp4

이런걸 배워요! • 초시계 시작하기와 정지하기를 활용하여 오브젝트가 사과나무 오브젝트에 닿으면 몇 초 안에 도착하는지 코딩해 봅니다.

■ **불러올 파일** : 토끼와 거북이.ent   ■ **완성된 파일** : 토끼와 거북이(완성).ent

01 불러올 파일을 불러와 거북이 오브젝트에 초시계 블록을 사용해 봅니다.

❶ '토끼와 거북이.ent' 파일을 불러옵니다. 이어서, '거북이' 오브젝트를 선택하고 [시작]-[시작하기 버튼을 클릭했을 때], [계산]-[초시계 숨기기], [초시계 시작하기]를 [블록 조립소]로 드래그하여 다음과 같이 연결합니다.

❷ [흐름]-[계속 반복하기], [2초 기다리기], [생김새]-[다음 모양으로 바꾸기], [움직임]-[이동 방향으로 10 만큼 움직이기]를 [블록 조립소]로 드래그하여 다음과 같이 연결한 후 숫자 값을 변경합니다.

❶ 입력: 0.1
❷ 입력: 2

❸ 〔흐름〕-〔만일 참 (이)라면〕, 〔판단〕-〔마우스포인터▼ 에 닿았는가?〕를 [블록 조립소]로 드래그하여 다음과 같이 연결합니다. 이어서, '마우스포인터에 닿았는가'의 목록 단추를 클릭한 후 '사과나무'를 선택합니다.

❹ 〔계산〕-〔초시계 시작하기▼〕, 〔시작〕-〔나무▼ 신호 보내기〕, 〔흐름〕-〔모든▼ 코드 멈추기〕를 [블록 조립소]로 드래그하여 다음과 같이 연결합니다. 이어서, '초시계 시작하기'의 목록 단추를 클릭하여 '정지하기'를 선택합니다.

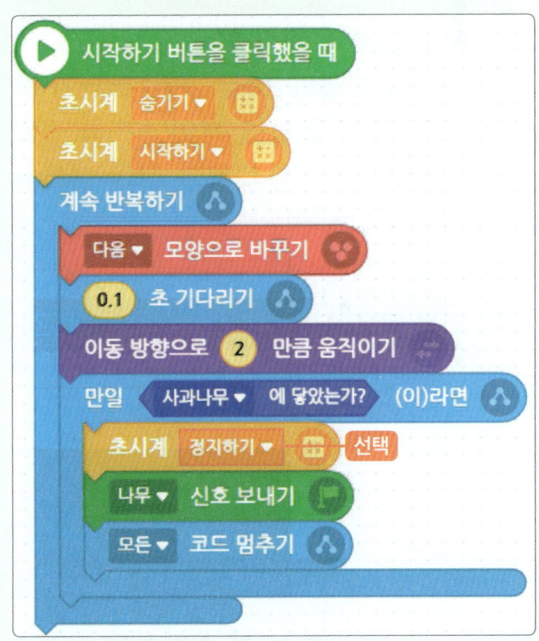

02 사과나무 오브젝트에 초시계 값을 말하도록 코딩해 봅니다.

❶ '사과나무' 오브젝트를 클릭합니다. 이어서, 시작 - 나무▼ 신호를 받았을 때 , 흐름 - 만일 참 (이)라면 아니면 ,

판단 - 마우스포인터▼ 에 닿았는가? 를 [블록 조립소]로 드래그하여 다음과 같이 연결한 후 '마우스포인터에 닿았는가'의 목록 단추를 클릭하여 '토끼'에 닿았는가를 선택합니다.

❷ 생김새 - 안녕! 을(를) 4 초 동안 말하기▼ 를 [블록 조립소]로 드래그하여 마우스 오른쪽 단추를 클릭해 [바로 가기] 메뉴가 나오면 [코드 복사 & 붙여넣기]를 클릭합니다. 이어서, 다음과 같이 블록을 연결합니다.

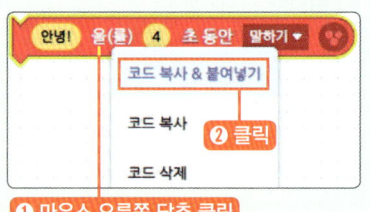 

❸ 다음 블록을 참고하여 다음과 같이 내용을 수정합니다.

❹ 계산 - 초시계 값 을 [블록 조립소]로 드래그하여 '안녕!'에 끼워 넣기 합니다.

CHAPTER 17  스스로 해결하기

📁 불러올 파일 : 토끼와 거북이2.ent   📁 완성된 파일 : 토끼와 거북이2(완성).ent

01 내 맘대로 상상하고 해결하기

미리보기 : 토끼와 거북이2(완성).mp4

불러올 파일을 불러와 다음의 조건에 맞게 코딩을 완성해 봅니다.

오브젝트	조건
[장면1] 사과나무	다음 장면 시작하기
[장면2] 거북이	① 장면이 시작되었을 때 ② '와~ 내가 이겼다.' 3초 동안 말하기 ③ y좌표를 10만큼 바꾸기와 y좌표를 -10만큼 바꾸기를 0.2초 마다 4번 반복하기 ④ 좌우 모양 뒤집기 ⑤ 3초 기다리기 ⑥ '고마워' 2초 동안 말하기
[장면2] 토끼1	① 장면이 시작되었을 때 ② 6초 기다리기 ③ '거북아 축하해' 3초 동안 말하기

CHAPTER 18 수업준비하기! 코딩의 뇌를 깨우는 5분 스트레칭!

※ 코딩 교육 의무화 대비! 정답은 없어요! 창의력을 위해 자유롭게 적어봅니다.

컴퓨터 사고력은 순서도로 부터!

학교 화장실 이용하는 순서를 확인하고 빈칸에 맞게 스티커를 붙여보세요.

- 남자, 여자에 맞는 화장실에 들어가요.
- 개별 화장실 안으로 들어가요.
- 문을 잠궈요.
- 용변을 본 후 물을 내려요.
- 손을 씻고 화장실을 나와요.

코딩의 뇌를 깨우는 나만의 알고리듬!

문제해결능력! 화장실에 "사람이 많다면?"에 따라 어떤 행동을 해야 할지 순서도를 완성해 보세요.

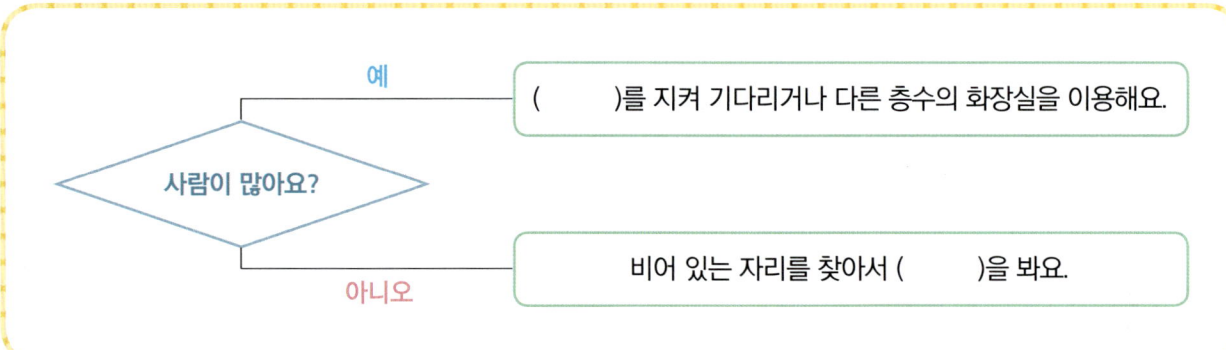

- 예 → (　　)를 지켜 기다리거나 다른 층수의 화장실을 이용해요.
- 사람이 많아요?
- 아니오 → 비어 있는 자리를 찾아서 (　　)을 봐요.

문제해결능력을 위한 눈코딩!

– 준비물 : 연필

토실이가 맛있는 머핀을 만들고 있어요. 토실이가 만든 머핀을 찾아주세요.

내 머핀의 색은 초코색이야.
초코색 머핀 위에는 색색이 스프링클이 뿌려져 있어
딸기를 좋아해서 머핀 위 장식으로 딸기를 올려놨어.
그리고 노란색 초 한개를 꽂아 주어지.

CHAPTER 18 스마트 홈

▲ 미리보기
스마트홈(완성).mp4

이런걸 배워요! ● 전등 오브젝트에 불이 들어오면 어두운 방이 밝아질 수 있도록 코딩해 봅니다.

■ 불러올 파일 : 스마트 홈.ent   ■ 완성된 파일 : 스마트 홈(완성).ent

01 불러올 파일을 불러와 전등 오브젝트가 켜질 수 있도록 코딩해 봅니다.

❶ '스마트홈.ent' 파일을 불러옵니다. 이어서, '전등' 오브젝트를 선택하고 [시작]-[시작하기 버튼을 클릭했을 때], [흐름]-[2초 기다리기]를 [블록 조립소]로 드래그하여 다음과 같이 연결합니다.

❷ [자료]-[안녕! 을(를) 묻고 대답 기다리기], [생김새]-[전등_켜짐 모양으로 바꾸기]를 [블록 조립소]로 드래그 합니다. 이어서, '전등_켜짐'의 목록 단추를 클릭하여 '전등_꺼짐'으로 변경한 후, 내용을 수정합니다.

❷ 입력: 무엇을 원하니?
❶ 선택: 전등_꺼짐

❸ [흐름]-[만일 참 (이)라면], [판단]-[10 = 10], [자료]-[대답]을 [블록 조립소]로 드래그하여 다음과 같이 연결한 후 내용을 수정합니다.

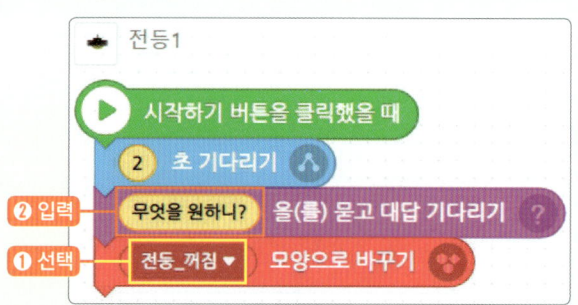

입력: 불켜줘

❹ [생김새]-[전등_켜짐▼ 모양으로 바꾸기], [시작]-[불켜기▼ 신호 보내기]를 [블록 조립소]로 드래그한 후 다음과 같이 연결합니다.

> 시작하기 버튼을 클릭했을 때
> 2 초 기다리기
> 무엇을 원하니? 을(를) 묻고 대답 기다리기
> 전등_꺼짐▼ 모양으로 바꾸기
> 만일 ⟨ 불켜줘 = 대답 ⟩(이)라면
>   전등_켜짐▼ 모양으로 바꾸기
>   불켜기▼ 신호 보내기

02 불 켜기 신호를 받으면 초록 방 배경 오브젝트의 밝기가 밝아질 수 있도록 코딩해 봅니다.

❶ '초록 방' 오브젝트를 클릭합니다. 이어서, [시작]-[시작하기 버튼을 클릭했을 때], [생김새]-[색깔▼ 효과를 100 (으)로 정하기]를 [블록 조립소]로 드래그한 후 다음과 같이 연결합니다.

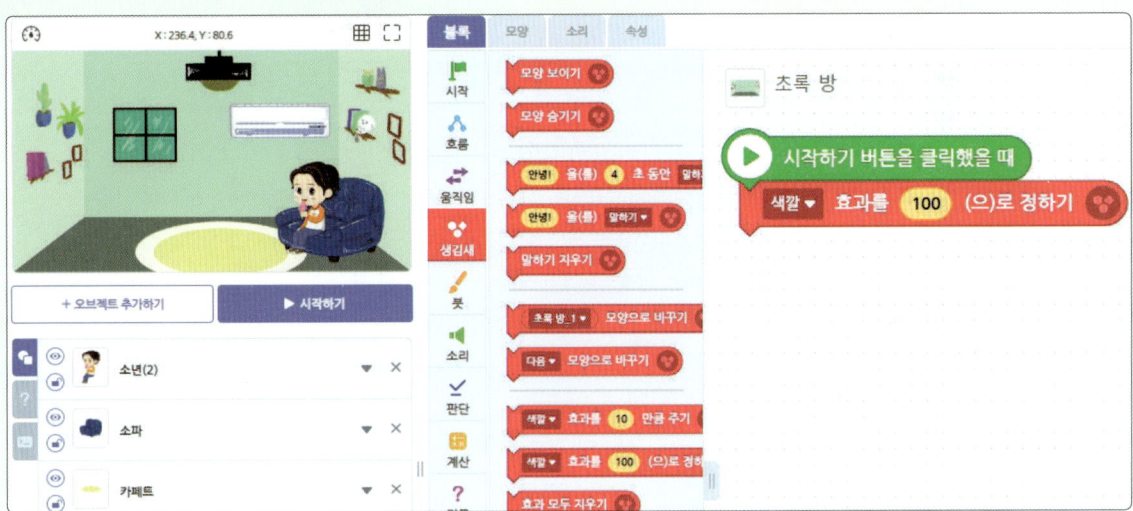

❷ '색깔' 목록 단추를 클릭하여 '밝기'를 선택하고 숫자 값(-100)으로 변경합니다.

❸ [시작]-[불켜기▼ 신호를 받았을 때], [생김새]-[색깔▼ 효과를 100 (으)로 정하기]를 [블록 조립소]로 드래그한 후 다음과 같이 연결합니다. 이어서, '색깔' 목록 단추를 클릭하여 '밝기'를 선택하고 숫자 값(10)으로 변경합니다.

CHAPTER 18 문제해결능력 스스로 해결하기

01 내 맘대로 상상하고 해결하기

미리보기 : 스마트홈2(완성).mp4

불러올 파일을 불러와 다음의 조건에 맞게 코딩을 완성해 봅니다.

- 불러올 파일 : 스마트홈2.ent
- 완성된 파일 : 스마트홈2(완성).ent

오브젝트	조건
창문	① 시작하기 버튼을 클릭했을 때 ② 2초 기다리기 ③ 무엇을 원하니? 묻고 대답 기다리기 ④ '창문_닫힘' 모양으로 바꾸기 ⑤ 만일 (창문 열어줘)=(대답)이라면 '창문_열림' 모양으로 바꾸기

02 컴퓨팅 사고력 키우기

색종이 무늬와 구멍의 모양을 보고 오린 조각을 찾아 ○해 보세요.

MEMO

CHAPTER 19 수업준비하기! 코딩의 뇌를 깨우는 5분 스트레칭!

※ 코딩 교육 의무화 대비! 정답은 없어요! 창의력을 위해 자유롭게 적어봅니다.

컴퓨터 사고력은 순서도로 부터!

강아지 산책시키기 순서를 확인하고 빈칸에 맞게 스티커를 붙여보세요.

강아지 목줄(하네스)을 채워요.

강아지와 같은 위치로 나란히 걸어요.

앞서 가면 목줄을 살짝 당겨서 속도를 조절해요.

흥분하거나 심하게 짖는다면 목줄을 강하게 당겨서 제지해요.

1시간 내외로 끝내고 집으로 돌아와요.

코딩의 뇌를 깨우는 나만의 알고리즘!

나는 이렇게 해요! 강아지 산책시키기 순서를 적어볼까요?

| 시작 |

| 강아지와 산책을 준비해요. |

| 강아지 목줄을 하고 길이를 (　)미터 이내로 조절을 해요. |

| 강아지 간식과 (　　) 봉투를 준비해요. |

| 엘리베이터에선 강아지를 안고 타요. |

| 강아지와 즐겁게 산책하고 간식을 줘요. |

| 집에 돌아오면 강아지 (　)을 닦아줘요. |

| 끝 |

문제해결능력을 위한 누코딩!

– 준비물 : 연필

아날로그 시계를 보고 시간과 분을 확인한 후, 디지털 시계에 색을 칠해 봅니다.

❶

❷

CHAPTER 19 황금사과개수

CHAPTER 19

황금사과개수

▲ 미리보기
황금사과개수(완성).mp4

이런걸 배워요! ● 황금사과의 개수를 사칙연산과 합치기 블록을 활용하여 말해봅니다.

■ 불러올 파일 : 황금사과개수.ent   ■ 완성된 파일 : 황금사과개수(완성).ent

01 계산하기 코딩을 해봅니다.

❶ '황금사과개수.ent' 파일을 불러옵니다. 이어서, '뛰어노는 아이' 오브젝트를 선택하고 [시작]-[시작하기 버튼을 클릭했을 때], [흐름]-[2초 기다리기]를 [블록 조립소]로 드래그하여 다음과 같이 연결합니다.

❷ [생김새]-[안녕! 을(를) 4초 동안 말하기]를 [블록 조립소]로 드래그합니다. 이어서, 마우스 오른쪽 단추를 클릭하여 바로 가기 메뉴가 나오면 [코드 복사 & 붙여넣기]를 클릭합니다.

❸ 결합한 블록을 아래와 같은 내용으로 수정합니다.

124 엔트리로 배우는 코딩 첫걸음

❹ 을 [블록 조립소]로 드래그하여 다음과 같이 숫자를 변경합니다.

❺ 숫자 값을 변경한 계산하기 블록을 마우스 오른쪽 단추를 클릭하여 바로 가기 메뉴가 나타나면 [코드 복사 & 붙여넣기]를 합니다.

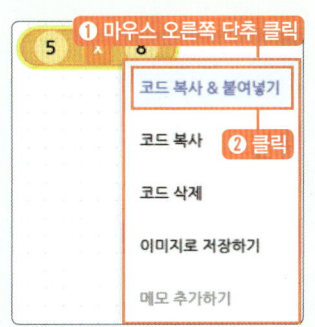

02 안녕과 엔트리를 합치기 블록을 활용하여 계산 블록과 글자 블록을 합치기 해 봅니다.

❶ 　－　를 [블록 조립소]로 드래그한 후, 마우스 오른쪽 단추를 클릭하여 바로 가기 메뉴가 나오면 [코드 복사 & 붙여넣기]를 클릭합니다.

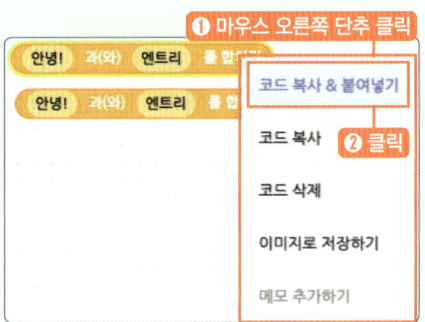

❷ "안녕!과(와) 엔트리를 합치기"의 "안녕!"에 "5x8="이라고 입력합니다. 이어서, "5x8" 블록을 드래그하여 다음과 같이 결합시킵니다.

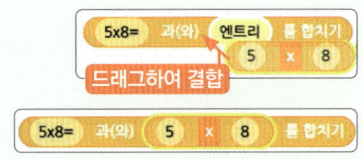

❸ "안녕!을(를) 4초 동안 말하기" 블록의 "안녕!" 위치에 위 블록을 합칩니다.

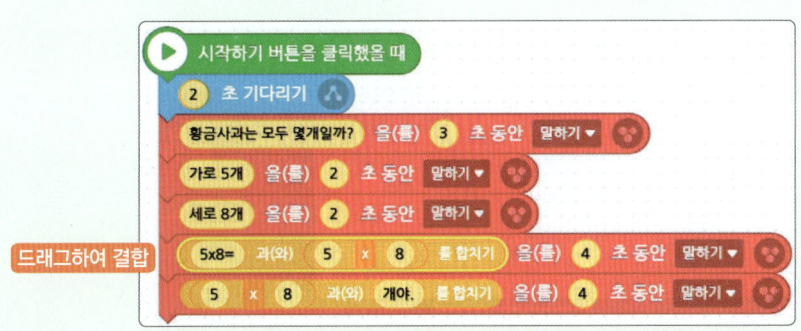

❹ 같은 방법으로 남은 블록을 아래와 같이 결합 시켜 코딩을 완성합니다.

CHAPTER 19 스스로 해결하기

01 내 맘대로 상상하고 해결하기

미리보기 : 과일나무(완성).mp4

불러올 파일을 불러와 다음의 조건에 맞게 코딩을 완성해 봅니다.

- 불러올 파일 : 과일나무.ent
- 완성된 파일 : 과일나무(완성).ent

오브젝트	조건
궁금한 엔트리봇	① 시작하기 버튼을 클릭했을 때 ② 3초 기다리기 ③ '음...' 1초 동안 말하기 ④ '사과나무 열매는 12개' 2초 동안 말하기 ⑤ '귤나무 열매는 14개' 2초 동안 말하기 ⑥ '(모두)과(와) (12)+(14)를 합치기' 2초 동안 말하기 ⑦ '(14+12=과(와) (14)-(12)를 합치기' 2초 동안 말하기 ⑧ '귤 나무가 2개 더 많아' 2초 동안 말하기

02 컴퓨팅 사고력 키우기

엔트리봇의 동작 기호를 보고 각 동작에 대한 기호를 적어보세요.

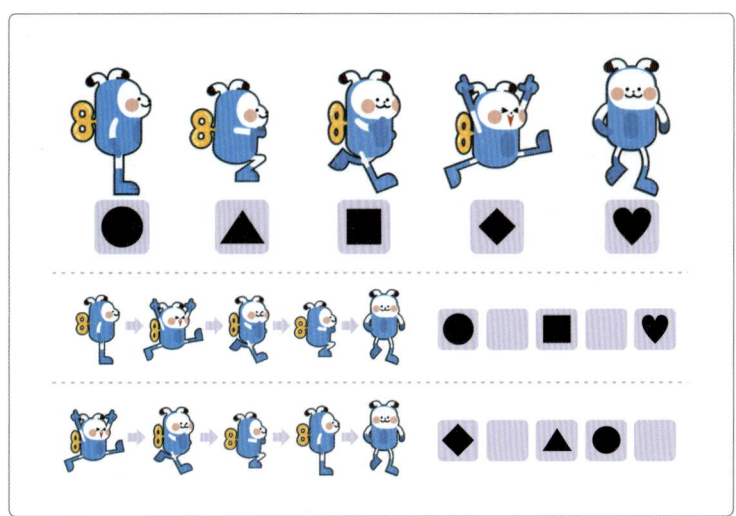

CHAPTER 20 수업준비하기! 코딩의 뇌를 깨우는 5분 스트레칭!

※ 코딩 교육 의무화 대비! 정답은 없어요! 창의력을 위해 자유롭게 적어봅니다.

컴퓨터 사고력을 순서도로 부터!

바이러스 예방 손 씻기 순서를 확인하고 빈칸에 맞게 스티커를 붙여보세요.

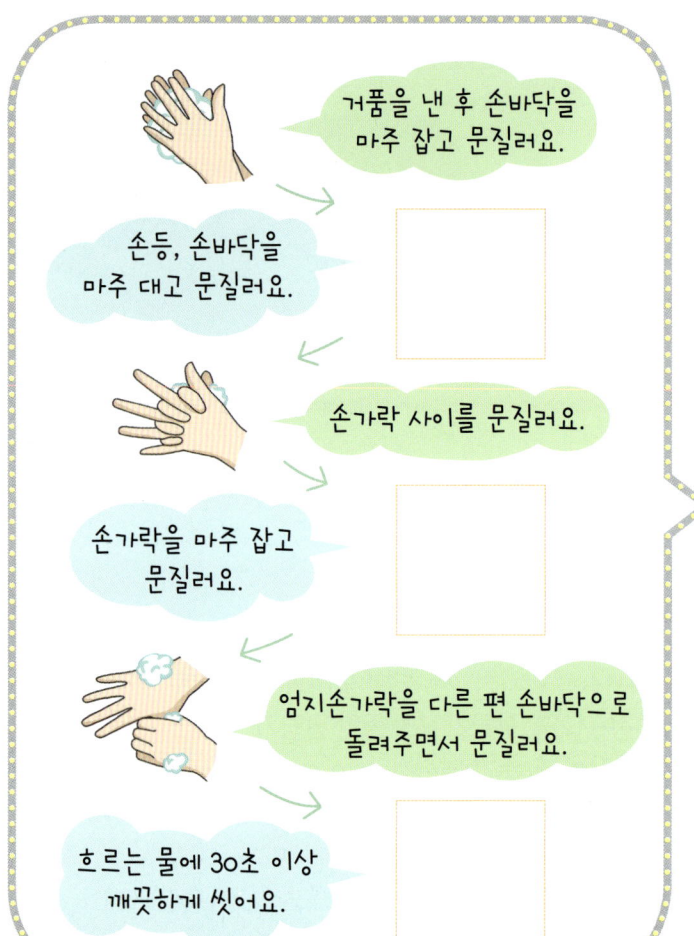

코딩의 뇌를 깨우는 나만의 알고리즘!

문제해결능력! 손 씻기를 하고 나서 "엄지 손가락이 깨끗한가?"에 따라 어떤 행동을 해야 할까요?

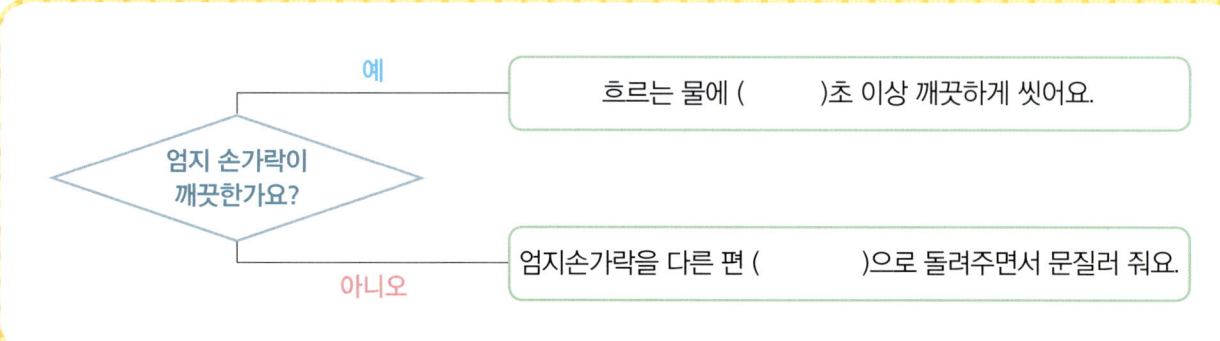

엄지 손가락이 깨끗한가요?
- 예 → 흐르는 물에 (   )초 이상 깨끗하게 씻어요.
- 아니오 → 엄지손가락을 다른 편 (   )으로 돌려주면서 문질러 줘요.

문제해결능력을 위한 논코딩!

— 준비물 : 연필

점이 위치한 곳부터 화살표가 나타내는 방향대로 그려주세요. 과연 어떤 그림일까요?

| 3 ↗ | 3 ↘ | 7 ↓ | 8 ← | 4 ↘ | 8 → | 4 ↗ | 8 ← |

▶ 정답 : (　　　　　　　)

CHAPTER 20 날씨예보

▲ 미리보기
날씨예보(완성).mp4

이런걸 배워요! ● 확장 블록의 날씨를 추가하고 현재 기온을 말할 수 있다.

■ 불러올 파일 : 없음　■ 완성된 파일 : 날씨예보(완성).ent

01 오브젝트를 추가하고 블록 꾸러미의 블록 탭에서 확장 블록 불러오기를 해봅니다.

❶ 엔트리 프로그램을 실행한 후 [오브젝트 목록] 창의 '엔트리봇' 오브젝트의 (×)를 클릭하여 삭제합니다.

❷ [장면] 창의 ┃+ 오브젝트 추가하기 ┃를 클릭한 후 [오브젝트 추가하기] 창이 열리면 [배경]-[자연]-'날씨', [사람]-'원피스 입은 사람'을 클릭한 후, <추가> 단추를 클릭합니다.

▲ 날씨

▲ 원피스 입은 사람

❸ '원피스입은 사람' 오브젝트를 클릭합니다. 이어서, [오브젝트 목록] 창에서 X좌표 값(150), Y좌표 값(-35)로 변경한 후, 크기(130%)로 입력합니다.

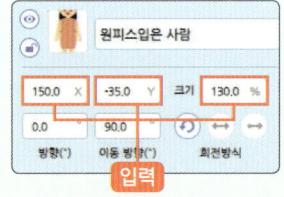

❹ 확장 - 확장 블록 불러오기 를 클릭합니다. 이어서, [날씨]를 선택한 후, <추가> 단추를 클릭합니다.

02 서울의 현재 기온을 말하도록 코딩해 봅니다.

❶ 시작 - 시작하기 버튼을 클릭했을 때, 생김새 - 안녕! 을(를) 4 초 동안 말하기 를 [블록 조립소]로 드래그합니다. 이어서, 마우스 오른쪽 단추를 클릭하여 바로 가기 메뉴가 나오면 [코드 복사 & 붙여넣기]를 4번 클릭합니다.

❷ 다음과 같이 내용을 변경합니다.

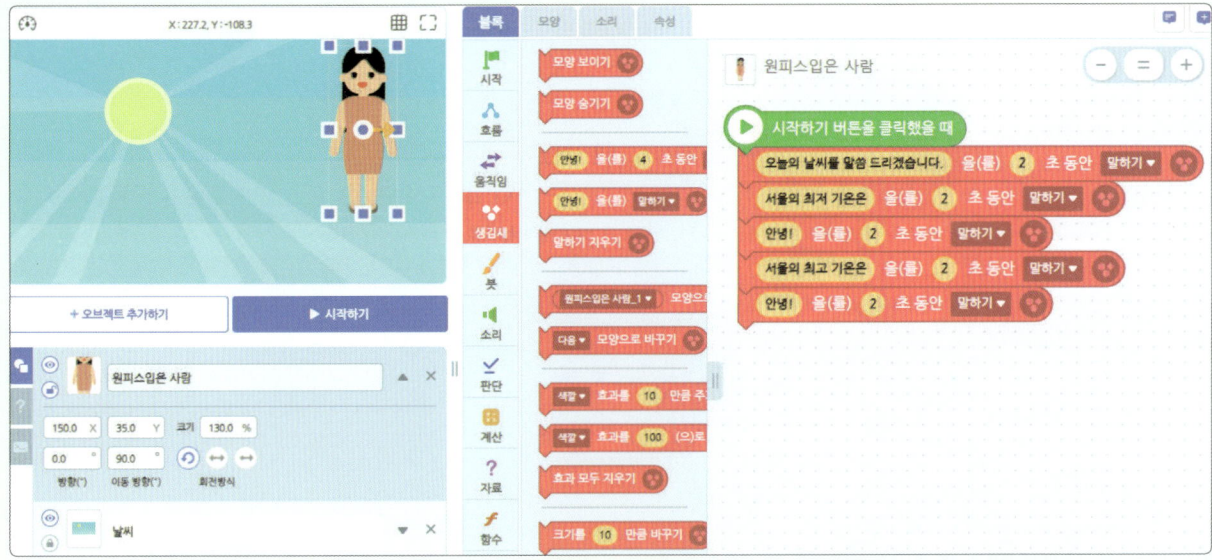

CHAPTER 20 날씨예보 131

❸ 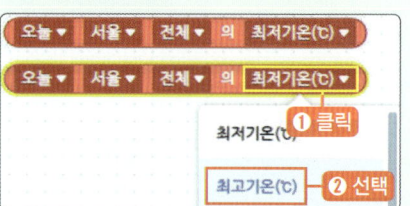을 클릭합니다. 이어서, 마우스 오른쪽 단추를 클릭하여 바로 가기 메뉴가 나오면 [코드 복사 & 붙여넣기]를 한 후, 목록 단추를 클릭하여 '최저기온'을 '최고기온'으로 선택합니다.

❹ 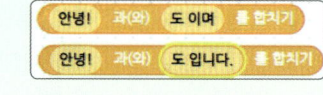를 [블록 조립소]로 드래그한 후, 마우스 오른쪽 단추를 클릭하여 바로 가기 메뉴가 나오면 [코드 복사 & 붙여넣기]를 합니다. 이어서, 다음과 같이 내용을 변경합니다.

❺ '오늘 서울 전체의 최저기온'의 날씨 확장 블록을 '안녕!'위에 끼워 넣습니다. 이어서, 같은 방법으로 남은 블록들도 끼워 넣습니다.

❻ '안녕!'을 2초 동안 말하기 블록 위에 합치기한 블록을 다음과 같이 끼워 넣습니다.

CHAPTER 20 스스로 해결하기

■ 불러올 파일 : 미세먼지.ent   ■ 완성된 파일 : 미세먼지(완성).ent

01 내 맘대로 상상하고 해결하기

미리보기 : 미세먼지(완성).mp4

불러올 파일을 불러와 다음의 조건에 맞게 코딩을 완성해 봅니다.

오브젝트	조건
엔트리봇 표정	① 시작하기 버튼을 클릭했을 때 ② '오늘 미세먼지 농도를 말해줄게' 3초 동안 말하기 ③ '서울의 미세먼지는' 3초 동안 말하기 ④ '현재 서울 전체의 미세먼지 농도'와 '이야'를 합치고 4초 동안 말하기 ⑤ 만일 <현재 서울 전체의 미세먼지 등급이 좋음 인가?>라면 ⑥ 엔트리봇 표정_웃는 모양으로 바꾸기 ⑦ 만일 <현재 서울 전체의 미세먼지 등급이 보통 인가?>라면 ⑧ 엔트리봇 표정_기본 모양으로 바꾸기 ⑨ 만일 <현재 서울 전체의 미세먼지 등급이 나쁨 인가?>라면 ⑩ 엔트리봇 표정_슬픈 모양으로 바꾸기 ⑪ 만일 <현재 서울 전체의 미세먼지 등급이 매우나쁨 인가?>라면 ⑫ 엔트리봇 표정_아픈 모양으로 바꾸기

CHAPTER 21 수업준비하기! 코딩의 뇌를 깨우는 5분 스트레칭!

※ 코딩 교육 의무화 대비! 정답은 없어요! 창의력을 위해 자유롭게 적어봅니다.

컴퓨터 사고력은 순서도로 부터!

대형마트에서 안전하게 무빙워크를 타는 순서를 확인하고 빈칸에 맞게 스티커를 붙여보세요.

- 엄마랑 같이 마트에 가요.
- 카트를 밀고 무빙워크를 타요.
- 무빙워크에서 뛰지 않아요.
- 엄마 손이나 무빙워크의 손잡이를 잡아요.
- 무빙워크 끝부분에서 조심히 발을 옮겨내려요.

코딩의 뇌를 깨우는 나만의 알고리듬!

나는 이렇게 해요! 가까운 마트에가서 부모님이랑 장을 보는 순서를 적어볼까요?

시작
⬇
(   )를 가져와요.
⬇
엄마가 필요한 물품을 고르면 (   )에 같이 담아요.
⬇
엄마에게 내가 필요한 것을 말해요.
⬇
엄마가 허락하면 원하는 물건을 카트에 담아요.
⬇
카트를 밀고 (   )에서 계산을 해요.
⬇
물건을 차에 실어 집으로 출발해요.
⬇
끝

문제해결능력을 위한 눈코딩!

— 준비물 : 연필

점이 위치한 곳부터 화살표가 나타내는 방향대로 그려주세요. 과연 어떤 그림일까요?

1 ↗	1 ↑	1 ↗	3 →	8 ↓	3 ←	1 ↖	1 ↑
1 ↖	2 ↓	1 ←	2 ↑	1 ↙	1 ↓	1 ↙	3 ←
8 ↑	3 →	1 ↘	1 ↓	1 ↘	2 ↑	1 →	2 ↓

▶ 정답 : (　　　　　　　　)

CHAPTER 21 소중한 바다가 아파요

CHAPTER 21 소중한 바다가 아파요

▲ 미리보기
소중한 바다가 아파요(완성).mp4

이런걸 배워요!
- 이동방향을 정하기 블록을 활용하여 물고기 공주를 좌우로 움직일 수 있다.
- y좌표를 만큼 바꾸기 블록을 활용하여 생활 쓰레기가 바다에 떨어지게 할 수 있다.

📘 불러올 파일 : 소중한 바다가 아파요.ent   📗 완성된 파일 : 소중한 바다가 아파요(완성).ent

01 불러올 파일을 불러와 '물고기 공주' 오브젝트가 좌우로 움직일 수 있도록 코딩해 봅니다.

❶ '소중한 바다가 아파요.ent' 파일을 불러옵니다. 이어서, '물고기 공주' 오브젝트를 선택하고 [시작]-[시작하기 버튼을 클릭했을 때], [생김새]-[안녕! 을(를) 4 초 동안 말하기]를 [블록 조립소]로 드래그하여 다음과 같이 연결한 후, '바다 친구를 구해야해!'라고 입력합니다.

❷ [시작]-[q키를 눌렀을 때]를 [블록 조립소]로 드래그합니다. 이어서, 'q키를 눌렀을 때'의 목록 단추를 클릭하여 '왼쪽 화살표'를 선택합니다.

❸ [움직임]-[x좌표를 10 만큼 바꾸기], [이동 방향을 90°(으)로 정하기]를 [블록 조립소]로 드래그하여 다음과 같이 결합합니다. 이어서, x좌표(-10), 이동방향(270)으로 변경합니다.

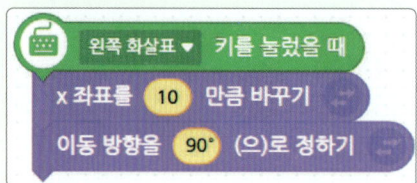

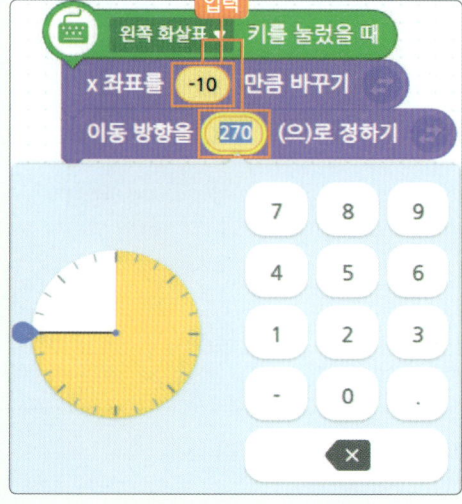

❹ 완성된 블록을 마우스 오른쪽 단추를 클릭해 [바로 가기] 메뉴가 나오면 [코드 복사 & 붙여넣기]를 클릭합니다. 이어서, 복사된 블록을 아래와 같이 수정합니다.

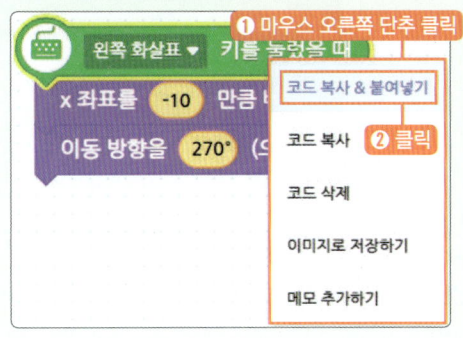

❺ [오브젝트 목록] 창에서 '물고기 공주'를 클릭한 후, [회전방식]을 '양쪽'으로 변경합니다.

02 생활 쓰레기가 바닷속에 떨어져 '물고기 공주'에 닿으면 사라지도록 코딩해 봅니다.

❶ '물병' 오브젝트를 클릭합니다. 이어서, 시작 – 시작하기 버튼을 클릭했을 때, 흐름 – 2 초 기다리기, 움직임 – x: 0 y: 0 위치로 이동하기 를 [블록 조립소]로 드래그하여 다음과 같이 결합합니다.

❷ 계산 – 0 부터 10 사이의 무작위 수 를 [블록 조립소]로 드래그하여 다음과 같이 숫자 값을 변경한 후, 'x좌표'에 끼워 넣기 합니다.

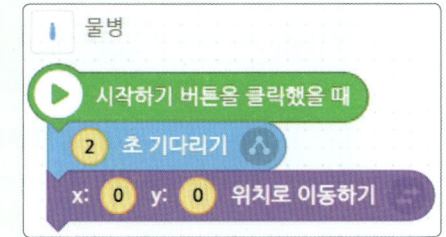

❸ ![호흡] - [계속 반복하기], [움직임] - [y좌표를 10 만큼 바꾸기] 를 [블록 조립소]로 드래그하여 다음과 같이 연결한 후, '숫자' 값을 변경합니다.

❹ ![호흡] - [만일 참 (이)라면], [판단] - [마우스포인터▼ 에 닿았는가?], [생김새] - [모양 숨기기] 를 [블록 조립소]로 드래그하여 다음과 같이 연결합니다. 이어서, '마우스포인터'의 목록 단추를 클릭하여 '물고기 공주'를 선택합니다.

❺ 완성된 블록을 마우스 오른쪽 단추를 클릭해 [바로 가기] 메뉴가 나오면 [코드 복사]를 클릭합니다. 이어서, 복사된 블록을 각각의 '빈 플라스틱병', '찌그러진캔' 오브젝트를 클릭하여 [붙여넣기]한 후, 아래와 같이 수정합니다.

CHAPTER 21 스스로 해결하기

■ 불러올 파일 : 소중한바다가아파요2.ent　　■ 완성된 파일 : 소중한바다가아파요2(완성).ent

01 내 맘대로 상상하고 해결하기

미리보기 : 소중한바다가아파요2(완성).mp4

불러올 파일을 불러와 다음의 조건에 맞게 코딩을 완성해 봅니다.

오브젝트	조건
빈 유리병	① 시작하기 버튼을 클릭했을 때 ② 5초 기다리기 ③ x: (-240~240 사이의 무작위 수) y:150 위치로 이동하기 ④ 1초 기다리기 ⑤ 'y 좌표를 -2만큼 바꾸기와 만일 물고기 공주에 닿았다면 모양 숨기기를 계속 반복하기'

CHAPTER 22 — 수업준비하기! 코딩의 뇌를 깨우는 5분 스트레칭!

※ 코딩 교육 의무화 대비! 정답은 없어요! 창의력을 위해 자유롭게 적어봅니다.

컴퓨터 사고력을 순서도로 쑥쑥!

자동차를 타고 내릴 때 순서를 확인하고 빈칸에 맞게 스티커를 붙여보세요.

코딩의 뇌를 깨우는 나만의 알고리즘!

문제해결능력! 자동차가 멈춘 후 내릴 때 뒤쪽에 자전거가 오면 어떻게 해야 할까요?

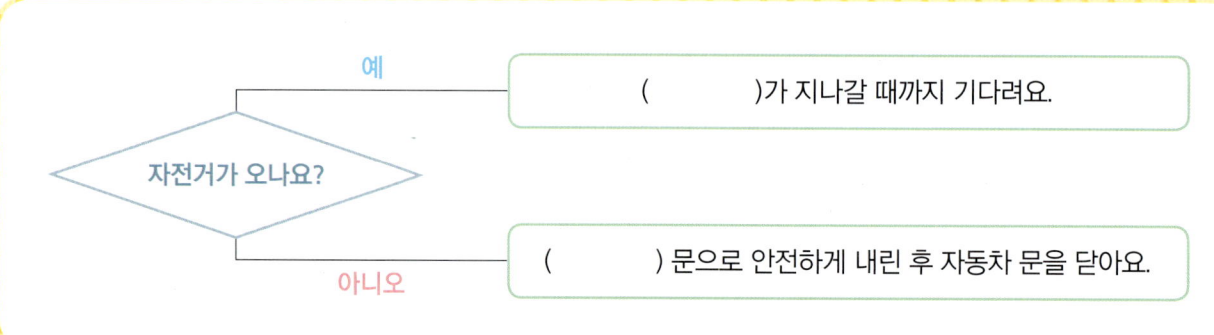

- 예 → ( )가 지나갈 때까지 기다려요.
- 자전거가 오나요?
- 아니오 → ( ) 문으로 안전하게 내린 후 자동차 문을 닫아요.

문제해결능력을 위한 눈코딩!

— 준비물 : 연필

아래의 화살표를 보고 쥐돌이가 찾은 치즈의 개수를 적어 봅니다.

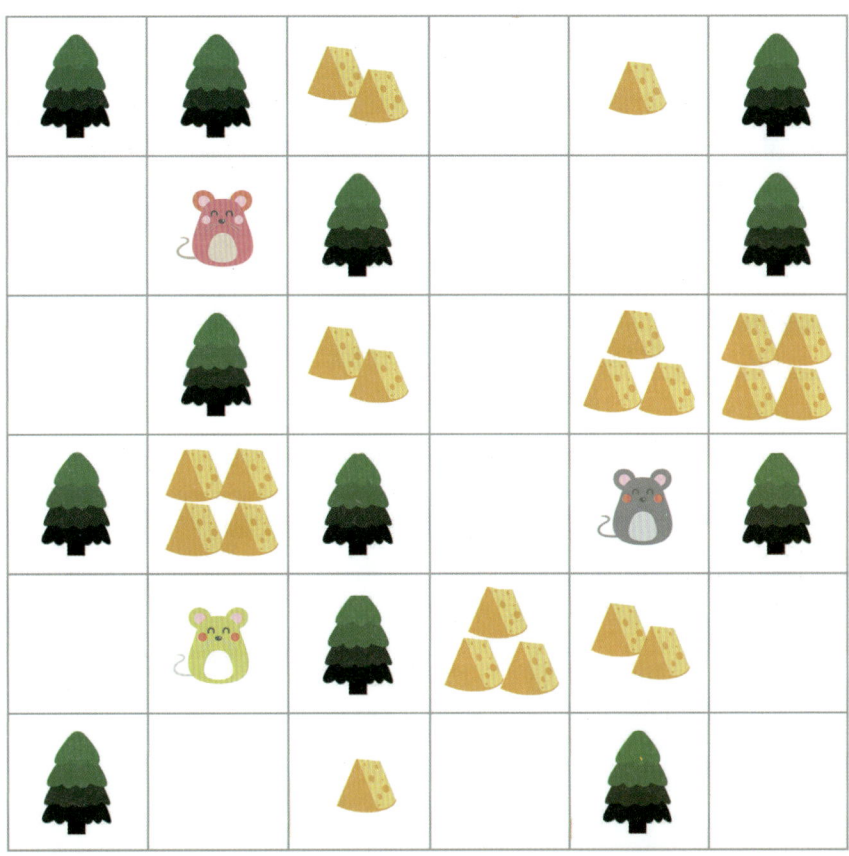

남은 치즈의 개수는 모두 (3)개

남은 치즈의 개수는 모두 (   )개

남은 치즈의 개수는 모두 (   )개

CHAPTER 22 바닷속 보물 찾기

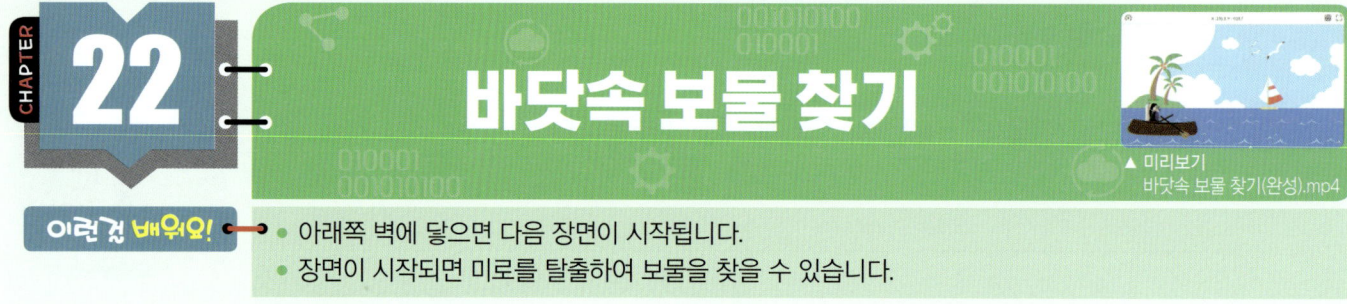

▲ 미리보기
바닷속 보물 찾기(완성).mp4

이런걸 배워요!
- 아래쪽 벽에 닿으면 다음 장면이 시작됩니다.
- 장면이 시작되면 미로를 탈출하여 보물을 찾을 수 있습니다.

📁 **불러올 파일** : 바닷속 보물 찾기.ent   📁 **완성된 파일** : 바닷속 보물 찾기(완성).ent

01 불러올 파일을 불러와 '잠수부' 오브젝트가 바닷속으로 들어가면 다음 장면이 시작되도록 코딩해 봅니다.

① '바닷속 보물 찾기.ent' 파일을 불러옵니다. 이어서, '잠수부' 오브젝트를 선택하고 [시작]-[시작하기 버튼을 클릭했을 때], [생김새]-[안녕! 을(를) 4 초 동안 말하기]를 [블록 조립소]로 드래그하여 다음과 같이 연결한 후 '보물을 찾아볼까?'라고 입력합니다.

② [움직임]-[y좌표를 10 만큼 바꾸기], [흐름]-[만일 참 (이)라면], [판단]-[마우스포인터 에 닿았는가?], [시작]-[다음 장면 시작하기]를 [블록 조립소]로 드래그하여 다음과 같이 연결합니다. 이어서, y좌표의 값과 '마우스포인터' 목록 단추를 클릭하여 '아래쪽 벽'으로 변경합니다.

02. '잠수부' 오브젝트가 방향키에 따라 움직이도록 코딩해 봅니다.

① [장면2]의 '잠수부' 오브젝트를 클릭합니다. 이어서, 시작 – q키를 눌렀을 때 를 [블록 조립소]로 드래그한 후, 'q키를 눌렀을 때'의 목록 단추를 클릭하여 '위쪽 화살표'를 선택합니다.

② 움직임 – y좌표를 10 만큼 바꾸기 를 [블록 조립소]로 드래그하여 다음과 같이 결합합니다.

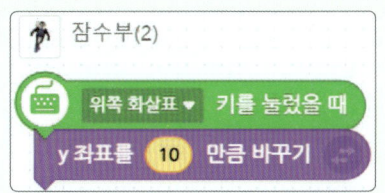

③ 흐름 – 계속 반복하기, 2초 기다리기, 움직임 – 다음 모양으로 바꾸기 를 [블록 조립소]로 드래그하여 다음과 같이 끼워 넣은 후, '1'초 기다리기로 변경합니다.

④ 흐름 – 만일 참 (이)라면, 판단 – 마우스포인터 에 닿았는가?, 움직임 – x: 0 y: 0 위치로 이동하기 를 [블록 조립소]로 드래그하여 다음과 같이 결합하고 '1초 기다리기' 블록 아래에 끼워 넣습니다. 이어서, '마우스 포인터'의 목록 단추를 클릭하여 '미로(1)'을 선택하고 좌표의 숫자 값을 변경합니다.

TIP

좌표 값 확인하기
오브젝트 목록 창에서 해당 오브젝트를 클릭하여 x, y 값을 확인합니다.

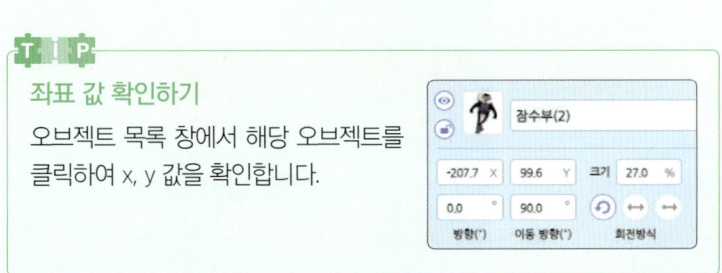

❺ 완성된 블록을 마우스 오른쪽 단추를 클릭해 [바로 가기] 메뉴가 나오면 [코드 복사 & 붙여넣기]를 클릭합니다. 이어서, 복사된 블록을 다음과 같이 수정합니다.

[위쪽 화살표] 키를 눌렀을 때

```
위쪽 화살표 ▼ 키를 눌렀을 때
y 좌표를 10 만큼 바꾸기
계속 반복하기
    다음 ▼ 모양으로 바꾸기
    1 초 기다리기
    만일 <미로(1) ▼ 에 닿았는가?> (이)라면
        x: -205 y: 110 위치로 이동하기
```

[아래쪽 화살표] 키를 눌렀을 때

```
아래쪽 화살표 ▼ 키를 눌렀을 때
y 좌표를 -10 만큼 바꾸기
계속 반복하기
    다음 ▼ 모양으로 바꾸기
    1 초 기다리기
    만일 <미로(1) ▼ 에 닿았는가?> (이)라면
        x: -205 y: 110 위치로 이동하기
```

[왼쪽 화살표] 키를 눌렀을 때

```
왼쪽 화살표 ▼ 키를 눌렀을 때
x 좌표를 -10 만큼 바꾸기
계속 반복하기
    다음 ▼ 모양으로 바꾸기
    1 초 기다리기
    만일 <미로(1) ▼ 에 닿았는가?> (이)라면
        x: -205 y: 110 위치로 이동하기
```

[오른쪽 화살표] 키를 눌렀을 때

```
오른쪽 화살표 ▼ 키를 눌렀을 때
x 좌표를 10 만큼 바꾸기
계속 반복하기
    다음 ▼ 모양으로 바꾸기
    1 초 기다리기
    만일 <미로(1) ▼ 에 닿았는가?> (이)라면
        x: -205 y: 110 위치로 이동하기
```

CHAPTER 22　문제해결능력 스스로 해결하기

■ 불러올 파일 : 친구와 약속.ent　　■ 완성된 파일 : 친구와 약속(완성).ent

01　내 맘대로 상상하고 해결하기

미리보기 : 친구와 약속(완성).mp4

불러올 파일을 불러와 다음의 조건에 맞게 코딩을 완성해 봅니다.

- 시작이 되면 말하기를 하고 계속 반복하기로 이동하면서 다음 모양으로 바꿔줍니다.

오브젝트	조건
(1)엔트리봇	① 시작하기 버튼을 클릭했을 때 ② "약속 시간에 늦겠다. 빨리 가야지."를 2초 동안 말하기 ③ 이동 방향으로 '10' 만큼 움직이기 ④ '0.2' 초 기다리기 ⑤ 다음 모양으로 바꾸기

CHAPTER 22 바닷속 보물 찾기　145

CHAPTER 23 수업준비하기! 코딩의 뇌를 깨우는 5분 스트레칭!

※ 코딩 교육 의무화 대비! 정답은 없어요! 창의력을 위해 자유롭게 적어봅니다.

컴퓨터 사고력은 순서도로 부터!

분리수거를 하기 위한 순서를 확인하고 빈칸에 맞게 스티커를 붙여보세요.

코딩의 뇌를 깨우는 나만의 알고리듬!

문제해결능력! 집에서 재활용품을 정리하고 있는데 "재활용품인가?"에 따라 어떻게 해야 할까요?

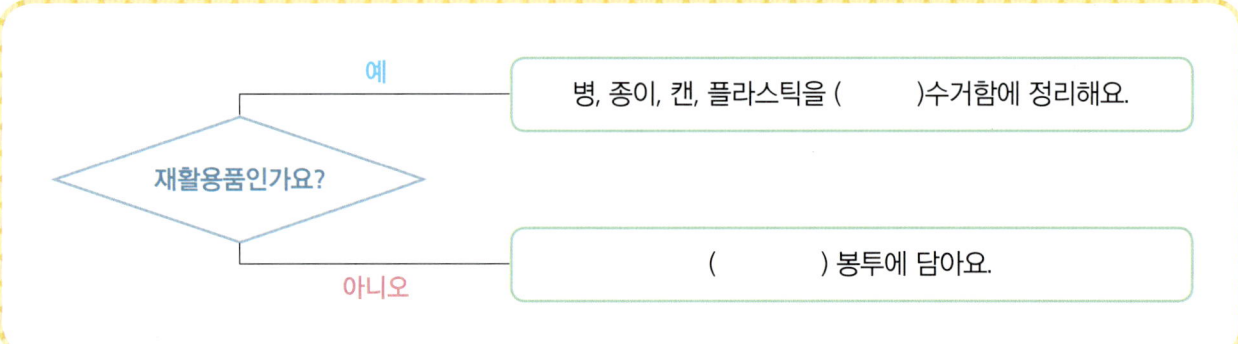

문제해결능력을 위한 눈코딩!

- 준비물 : 연필

쥐돌이가 치즈를 찾았어요. 하지만 고양이를 만나 찾은 치즈를 떨어트리고 말았어요. 쥐돌이가 찾은 치즈의 개수를 적어주세요.

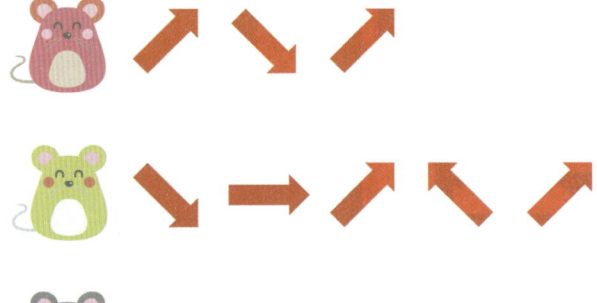

남은 치즈의 개수는 모두 (　) 개

남은 치즈의 개수는 모두 (　) 개

남은 치즈의 개수는 모두 (9) 개

CHAPTER 23 우주청소

CHAPTER 23 우주청소

▲ 미리보기
우주청소(완성).mp4

이런걸 배워요!
- 로켓이 쓰레기를 모두 청소하면 다음 장면이 시작됩니다.
- 장면이 시작되면 우주정거장에 도착합니다.

■ 불러올 파일 : 우주청소.ent ■ 완성된 파일 : 우주청소(완성).ent

01 오브젝트의 좌우 움직임과 장면 전환을 해봅니다.

① '우주청소.ent' 파일을 불러옵니다. 이어서, '로켓' 오브젝트를 선택하고 [시작]-[시작하기 버튼을 클릭했을 때], [흐름]-[계속 반복하기], [만일 참 (이)라면]를 [블록 조립소]로 드래그하여 결합합니다.

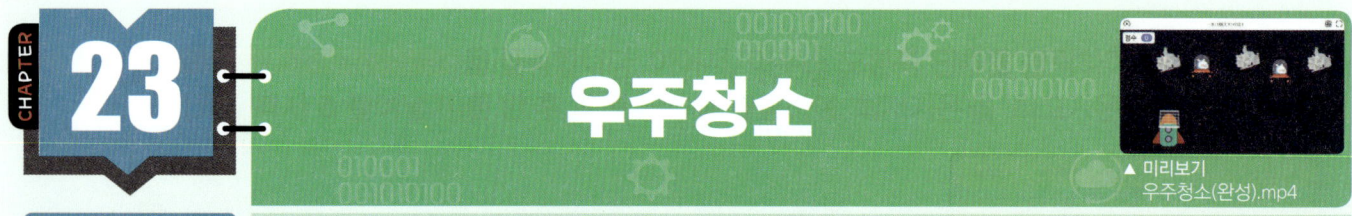

② [판단]-[q키가 눌러져 있는가?], [움직임]-[x좌표를 10 만큼 바꾸기]를 [블록 조립소]로 드래그하여 다음과 같이 결합합니다. 이어서, 'q키가 눌러져 있는가?'의 목록 단추를 클릭하여 '왼쪽 화살표'를 선택하고 x좌표의 숫자 값을 입력합니다.

③ 코딩된 블록을 마우스 오른쪽 단추를 클릭해 [바로 가기] 메뉴가 나오면 [코드 복사 & 붙여넣기]를 클릭합니다. 이어서, 복사된 블록을 다음과 같이 수정합니다.

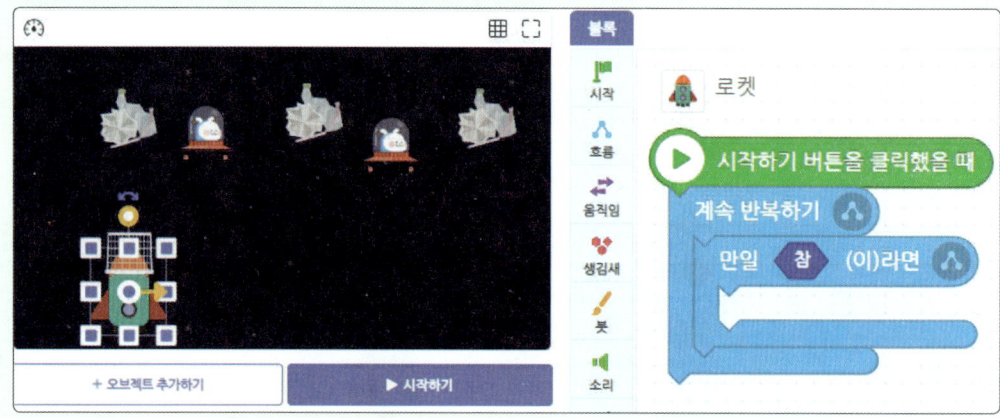

❹ [흐름] - 만일 참 (이)라면, [판단] - 10 = 10 를 [블록 조립소]로 드래그하여 다음과 같이 결합합니다.

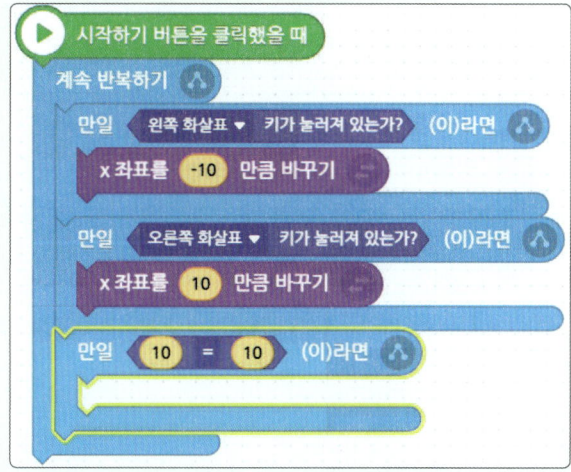

❺ [속성] 탭을 클릭합니다. 이어서, [변수] 단추를 클릭하여 '점수'라고 입력한 후, <확인> 단추를 클릭합니다.

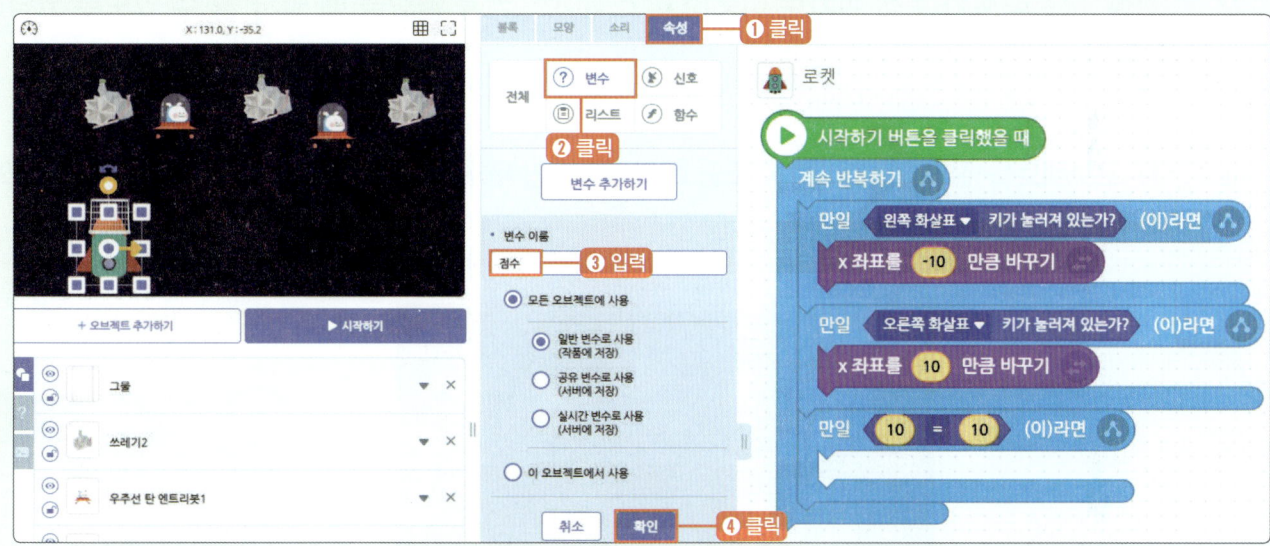

❻ [자료] - 점수▼ 값 을 [블록 조립소]로 드래그하여 '같다(=)' 비교연산자 왼쪽 칸에 끼워 넣습니다. 이어서, '같다(=)' 비교연산자 오른쪽 칸에는 '3'이라고 입력합니다.

CHAPTER 23 우주청소 149

❼ 〔시작〕-〔다음▼ 장면 시작하기〕를 아래와 같이 [블록 조립소]의 '만일 점수 값이 = 3'이라면 아래에 끼워 넣기 합니다.

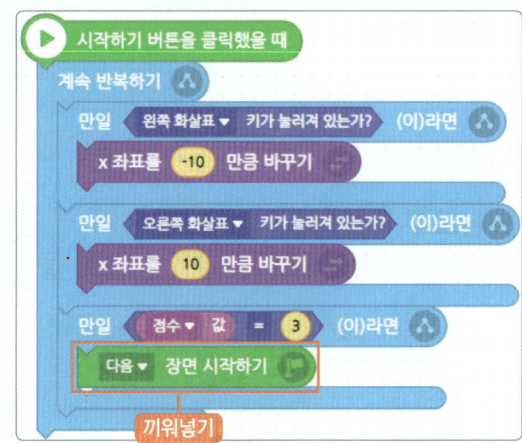

02 '그물' 오브젝트가 로켓 위치로 이동하고 스페이스 키를 눌렀을 때 발사 될 수 있도록 코딩해 봅니다.

❶ '그물' 오브젝트를 클릭합니다. [블록 조립소]의 '계속 반복하기' 블록 안에 〔생김새〕-〔모양 숨기기〕를 드래그하여 다음과 같이 연결합니다.

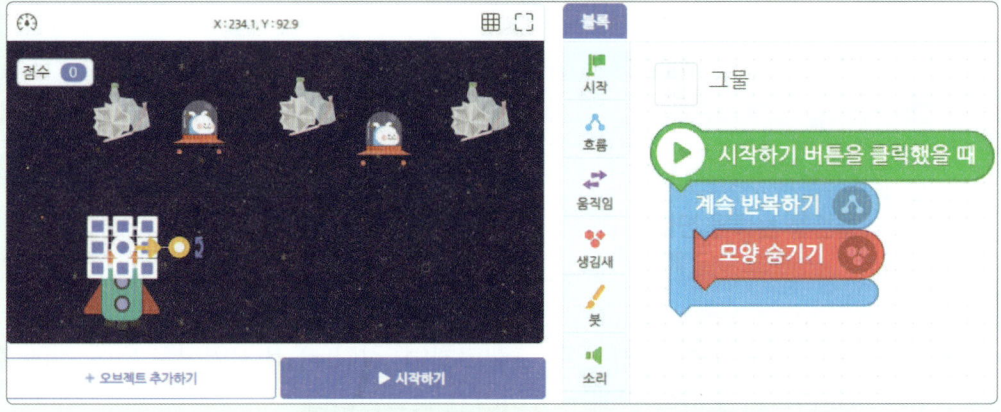

❷ [블록 조립소]의 '모양 숨기기' 블록 아래에 〔흐름〕-〔만일 참 (이)라면〕, 〔판단〕-〔q 키가 눌러져 있는가?〕를 다음과 같이 끼워 넣기 합니다. 이어서, 'q키가 눌러져 있는가?'의 목록 단추를 클릭하여 '스페이스'를 선택합니다.

❸ ![움직임] - [그물 ▼ 위치로 이동하기], ![생김새] - [모양 보이기] 를 드래그하여 다음과 같이 연결합니다. 이어서, '그물'의 목록 단추를 클릭하여 '로켓'으로 변경합니다.

❹ ![흐름] - [10 번 반복하기], ![움직임] - [이동 방향으로 10 만큼 움직이기] 를 [블록 조립소]로 드래그하여 '모양 보이기' 블록 아래에 끼워 넣기 합니다. 이어서, '이동 방향으로 10 만큼 움직이기' 블록의 숫자 값을 '20'으로 변경합니다.

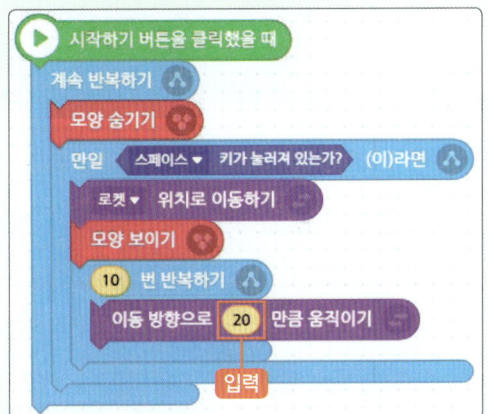

❺ '그물' 오브젝트를 클릭합니다. 이어서, 이동 방향 조절점을 위로 조절합니다.

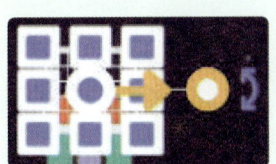 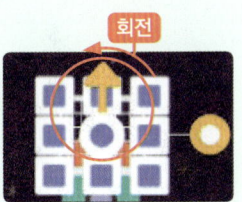

CHAPTER 23 > 문제해결능력 스스로 해결하기

■ 불러올 파일 : 우주전쟁.ent   ■ 완성된 파일 : 우주전쟁(완성).ent

01 내 맘대로 상상하고 해결하기

미리보기 : 우주전쟁(완성).mp4

불러올 파일을 불러와 다음의 조건에 맞게 코딩을 완성해 봅니다.

오브젝트	조건 : 큰별(노랑)에 닿았을 때
네모로봇, 네모로봇1	① "으악!"을 1초 동안 말하기 ② 점수에 '1'만큼 더하기 ③ 모양 숨기기 ④ '2' 초 기다리기

오브젝트	조건 : 큰별(노랑)에 닿았을 때
달님	① "난 아니야!"을 1초 동안 말하기 ② 점수에 '-1'만큼 더하기

오브젝트	조건 : 점수값이 3일 때
우주선 탄 엔트리봇	① [장면 2] 시작하기

MEMO

CHAPTER 24 수업준비하기! 코딩의 뇌를 깨우는 5분 스트레칭!

※ 코딩 교육 의무화 대비! 정답은 없어요! 창의력을 위해 자유롭게 적어봅니다.

컴퓨터 사고력은 순서도로 부터!

맛있는 라면 끓이는 순서를 확인하고 빈칸에 맞게 스티커를 붙여보세요.

코딩의 뇌를 깨우는 나만의 알고리즘!

나는 이렇게 해요! 나만의 라면 레시피를 내 맘대로 모두 적어볼까요?

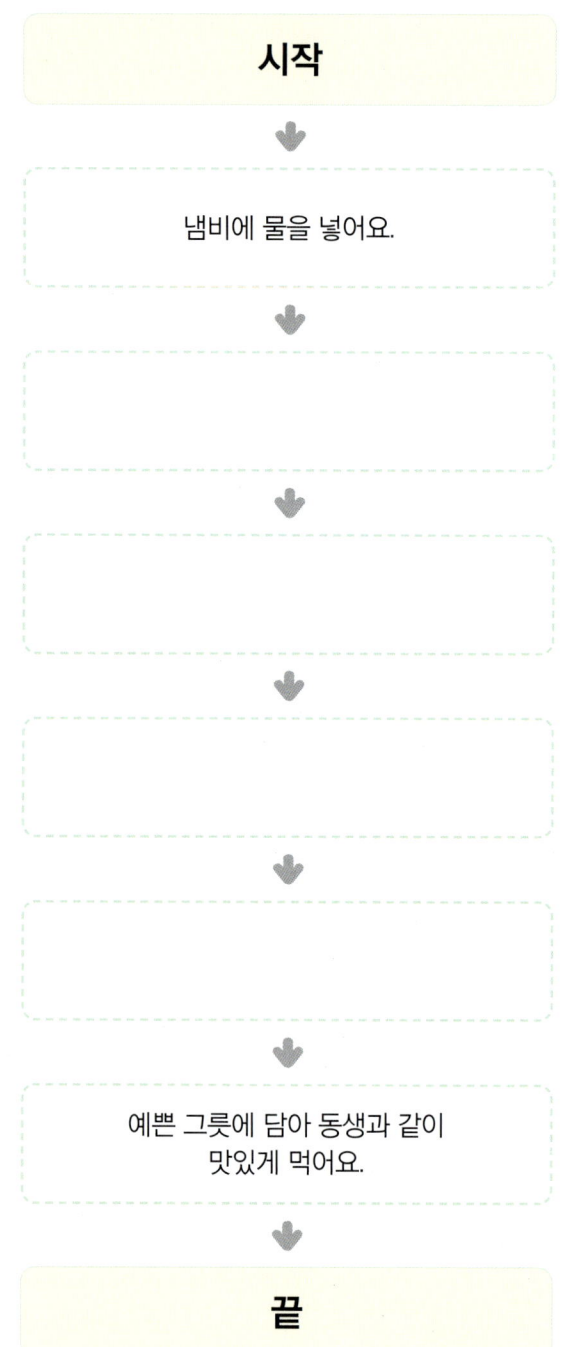

문제해결능력을 위한 눈코딩!

– 준비물 : 연필

우리의 친구 '벤', '톰', '쎔', '엔'이 살고 있는 집의 위치 숫자에 동그라미 해주세요.

나는 **벤**이야 우리집은 위쪽 : (1, 2, 3, 4) 아래쪽 : (1, 2, ③, 4)
왼쪽 : (1, ②, 3, 4) 오른쪽 : (1, 2, 3, 4)으로 가면 있어.

나는 **톰**이야 우리집은 위쪽 : (1, 2, 3, 4) 아래쪽 : (1, 2, 3, 4)
왼쪽 : (1, 2, 3, 4) 오른쪽 : (1, 2, 3, 4)으로 가면 있어.

나는 **쎔**이야 우리집은 위쪽 : (1, 2, 3, 4) 아래쪽 : (1, 2, 3, 4)
왼쪽 : (1, 2, 3, 4) 오른쪽 : (1, 2, 3, 4)으로 가면 있어.

나는 **엔**이야 우리집은 위쪽 : (1, 2, 3, 4) 아래쪽 : (1, 2, 3, 4)
왼쪽 : (1, 2, 3, 4) 오른쪽 : (1, 2, 3, 4)으로 가면 있어.

CHAPTER 24 풍선 터트리기

CHAPTER 24

풍선 터트리기

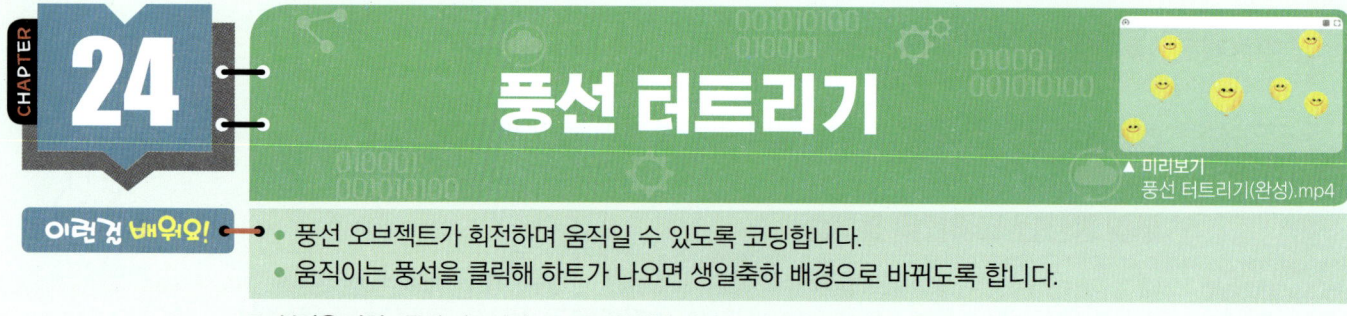

▲ 미리보기
풍선 터트리기(완성).mp4

이런걸 배워요!
- 풍선 오브젝트가 회전하며 움직일 수 있도록 코딩합니다.
- 움직이는 풍선을 클릭해 하트가 나오면 생일축하 배경으로 바뀌도록 합니다.

📂 불러올 파일 : 풍선 터트리기.ent   📂 완성된 파일 : 풍선 터트리기(완성).ent

01 불러올 파일을 불러와 '풍선' 오브젝트가 회전하며 움직일 수 있도록 코딩해 봅니다.

❶ '풍선터트리기.ent' 파일을 불러옵니다. 이어서, '풍선1' 오브젝트를 선택하고 [시작]-[시작하기 버튼을 클릭했을 때], [흐름]-[계속 반복하기]를 [블록 조립소]로 드래그하여 결합합니다.

❷ [움직임]-[이동 방향을 90° 만큼 회전하기], [이동 방향으로 10 만큼 움직이기], [화면 끝에 닿으면 튕기기]를 [블록 조립소]로 드래그하여 다음과 같이 연결합니다. 이어서, '이동 방향으로 10만큼 움직이기'의 숫자 값을 '1'로 변경합니다.

❸ [계산]-[0 부터 10 사이의 무작위 수]를 [블록 조립소]로 드래그하여 '이동 방향을 90 만큼 회전하기'의 숫자 값에 끼워 넣기 한 후, 다음과 같이 숫자 값을 변경합니다.

02 '풍선' 오브젝트에 아래와 같이 코딩을 해봅니다.

❶ [모양] 탭을 클릭합니다. 이어서, '풍선_터짐' 모양을 클릭하여 삭제합니다.

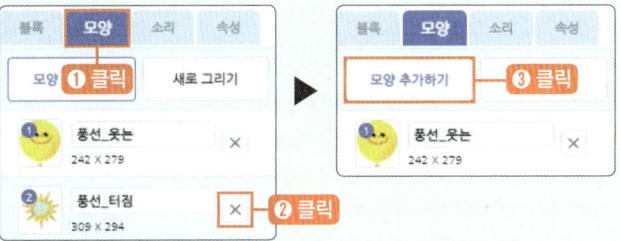

❷ 모양 추가하기 를 클릭합니다. 이어서, [모양 추가하기] 대화 상자가 나오면 '하트'를 검색한 후, '회전하는 하트_1'을 선택한 다음 <추가> 단추를 클릭합니다.

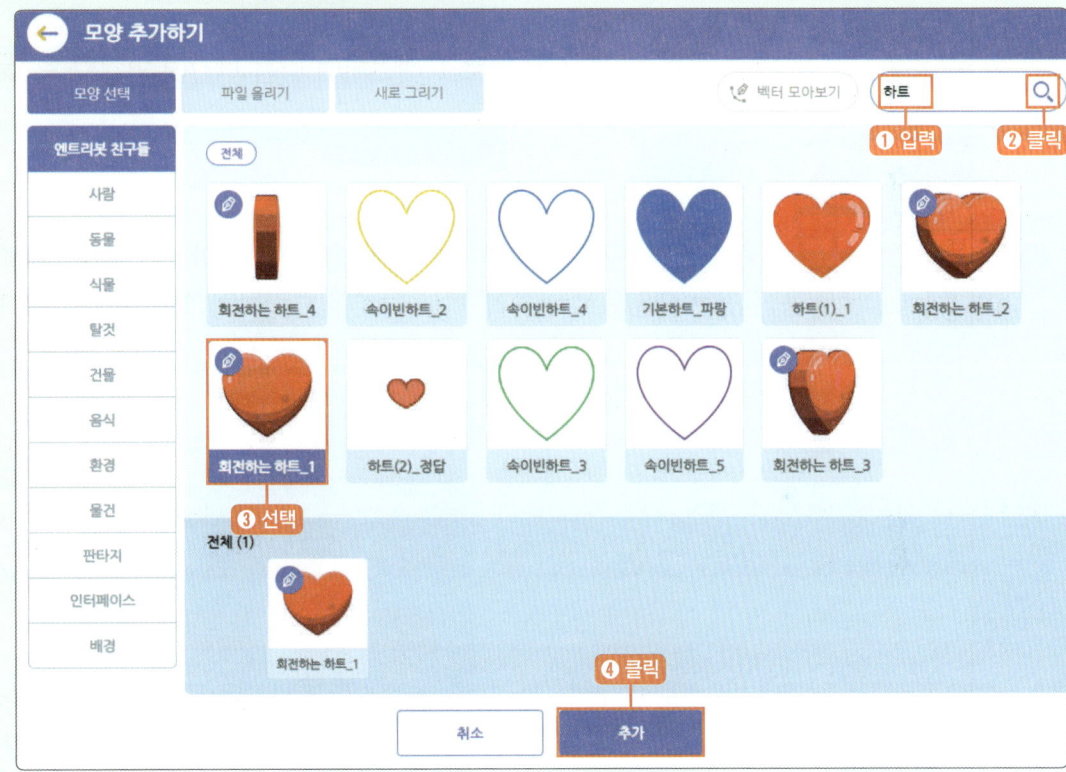

❸ 흐름 - 만일 참 (이)라면, 판단 - 참 그리고▼ 참, 마우스포인터▼ 에 닿았는가?, 마우스를 클릭했는가? 를 [블록 조립소]로 드래그합니다.

CHAPTER 24 풍선 터트리기

④ '참 그리고 참' 블록의 왼쪽 '참'안에 '마우스포인터에 닿았는가?'를 끼워 넣기 합니다. 이어서, 오른쪽 '참'안에 '마우스를 클릭했는가?'를 끼워 넣기 합니다.

⑤ 생김새-'풍선_웃는 모양으로 바꾸기', 흐름-'2 초 기다리기', 시작-'다음 장면 시작하기'를 아래와 같이 [블록 조립소]에 끼워 넣기 합니다. 이어서, '풍선_웃는 모양으로 바꾸기' 목록 단추를 클릭하여 '회전하는 하트_1'로 변경합니다.

CHAPTER 24 · 문제해결능력 스스로 해결하기

■ 불러올 파일 : 선물상자.ent   ■ 완성된 파일 : 선물상자(완성).ent

01 내 맘대로 상상하고 해결하기

미리보기 : 선물상자(완성).mp4

불러올 파일을 불러와 다음의 조건에 맞게 코딩을 완성해 봅니다.

- 엔트리봇은 키보드 방향키로 움직일 수 있습니다.
- 선물상자를 여는 방법은 엔트리봇과 마우스포인터가 닿아야 열립니다.

오브젝트	조건
선물 상자, 선물 상자1	① 무작위 수 : X(-200~200), Y(-100~100) ② 판단 : '엔트리봇에 닿았는가?' 그리고 '마우스포인터에 닿았는가?' ③ "꽝!"을 1초 동안 말하기 ④ 모양 숨기기

오브젝트	조건
선물 상자2	① 무작위 수 : X(-200~200), Y(-100~100) ② 판단 : '엔트리봇에 닿았는가?' 그리고 '마우스포인터에 닿았는가?' ③ "당첨!"을 1초 동안 말하기 ④ [장면 2] 시작하기

MEMO

STICKER 01 엔트리로 배우는 코딩 첫걸음

 CHAPTER 01

 CHAPTER 02

 CHAPTER 03

 CHAPTER 04

 CHAPTER 05

 CHAPTER 06

 CHAPTER 07
 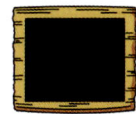

 CHAPTER 08

 CHAPTER 09

 CHAPTER 10

CHAPTER 11

CHAPTER 12

STICKER 02

엔트리로 배우는 **코딩 첫걸음**

CHAPTER 13

CHAPTER 14

CHAPTER 15

CHAPTER 16

CHAPTER 17

CHAPTER 18

CHAPTER 19

CHAPTER 20

CHAPTER 21

CHAPTER 22

CHAPTER 23

CHAPTER 24